EL CAMINO SECRETO DEL YO

Curso Teórico y Práctico de Hipnosis

1° edición año 2000
2° edición año 2002
3° edición año 2013
4° edición año 2019

La portada incluye una imagen del cuadro −Simbología II− del pintor brasilero, Iurio Gonçalves pintado en 1998. Compré este cuadro, cuando comencé a escribir el libro. El cuadro simboliza para mí, los caminos secretos de la mente, e inspiró el título del libro: El Camino Secreto del Yo.

Autor: Juan Carlos Naranjo Alcega
Depósito Legal: N° NA2223/2002
Editado: en Pamplona Navarra España
Tel. +34 622 699 299
www.naranjoalcega.com
www.aihce.net

Contenido

AGRADECIMIENTO

Quiero agradecer a todos aquellas personas, que encontré en mi camino, a lo largo de la vida. Y que han dejado en mi corazón, un sentimiento de cariño y gratitud. Por sus actos, por su ayuda. Por sus sentimientos y afecto, o por sus enseñanzas.

El agradecimiento a mi familia, a Juan Egea, Julio Meheroff, Vera M. de Oliveira, Juan Capovilla, Ondina Guimarães, Dr. Harry Hansen, João García, Juan C. Rellán, Dr. Francisco Mozas, Dr. Gene Ebers, Dr. Jeffrey K Zeig, Bradford Keeney, y a mis alumnos.

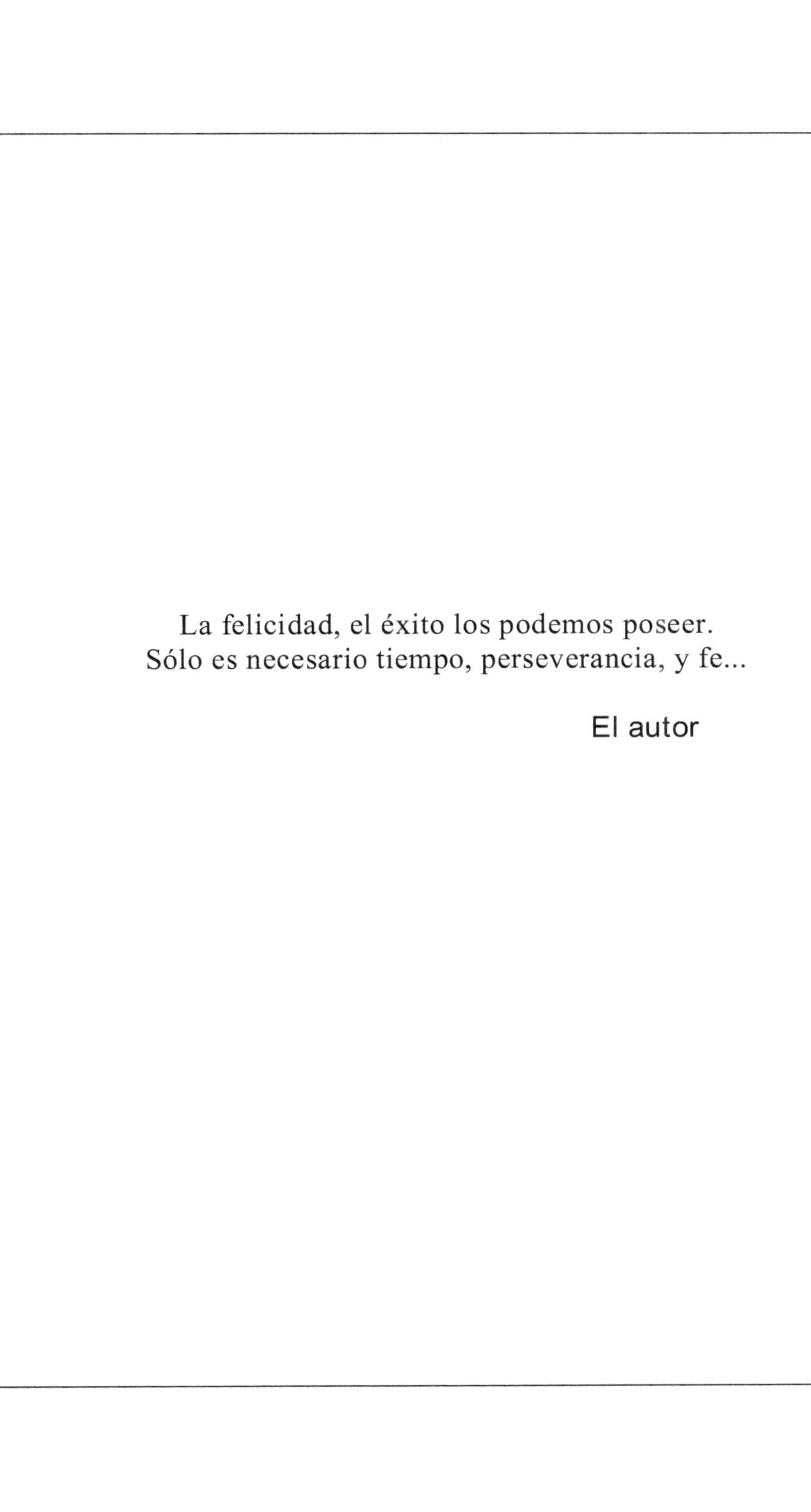

La felicidad, el éxito los podemos poseer.
Sólo es necesario tiempo, perseverancia, y fe...

El autor

Prólogo

Este curso pretende enseñar la práctica y el uso general de la hipnosis y autohipnosis, con el objetivo, de aprender la manera de activar las capacidades ociosas de la mente. Para generar cambios y potenciar la concentración, la memoria, la creatividad, la productividad laboral o el estudio, fortaleciendo la voluntad, superando bloqueos psicológicos, depresión, miedos, fobias, timidez, malos hábitos, obesidad, tabaquismo etc.

La idea es utilizar un lenguaje simple, claro, sin demasiados tecnicismos, para que todos los lectores puedan entenderlo y practicarlo. Sin embargo, abordaremos brevemente la historia de la hipnosis, y descripciones generales del cerebro, como también definiciones y conceptos, estrictamente relacionados con el tema. Es un curso práctico de aprendizaje. Y digo práctico porque la hipnosis y auto hipnosis funcionan solo con la práctica, es como una gimnasia, cuando más ejercicio hacemos más en forma estamos.

Las bases de todo aprendizaje están en el deseo, la voluntad de saber, de entender. Si no hay voluntad, deseo de aprender algo, no lo aprenderemos. Los niños aprenden fácilmente, porque no tienen opción, sus mentes están vírgenes, ávidas de conocimiento, no tienen experiencia.

En la temprana edad, la mayoría de sus aprendizajes son involuntarios, por medio de repetición de actos, de sugestión y autosugestión. La repetición, es como la gota cayendo sobre la piedra, con el tiempo hace un hueco, una marca. El mismo efecto produce la repetición, de una frase, de un pensamiento, de un deseo ferviente, de una palabra, sobre el subconsciente. Dejando una marca. Una impresión. Cuando tenía diecisiete años durante las vacaciones trabajaba en una tienda de ropa, para pagarme los estudios. El propietario, era Don Julio un señor de origen judío, que me apreciaba mucho, y yo a él.

En una oportunidad, llegó un viajante con un muestrario de camisas, para la temporada de verano. Don Julio me llamó, y me dijo: −Elige los diseños y colores que piensas que se venderán más este verano. Yo era nada más, que un vendedor júnior, por lo tanto, me pilló de sorpresa aquella solicitud. Entonces dije: – ¡Manos a la obra! Así elegí las camisas y colores que pensaba que se venderían. Cuando terminé, Don Julio me preguntó, mostrándome otras que yo había desechado: – ¿Estas camisas no te gustan? – ¡No! Esas tienen unos colores demasiado cutres. (Ordinarios) A lo que Don Julio, continuó: – ¿Colores cutres? Y haciéndome un gesto de llamada con su mano, dijo: –Ven... Mira... y señalando la calle, me susurró al oído: –Mira cuanta gente ordinaria, anda por ahí... ¡Si solo tengo camisas, que a ti y a mí nos gustan, a los cutres les venderá Samuel, de ahí enfrente! ¡Recuerda esto! ¡Hay clientes para todo, lo que a ti no te gusta a otro le gustará! Esa fue una lección que nunca en la vida olvidé. Me hizo comprender metafóricamente, que mi realidad era diferente de la realidad de los demás. Entender esta historia significó, aprender a comprender mi realidad, y la realidad ajena. Cuando vemos una persona ebria, la mayoría de las personas reaccionan negativamente, porque ven un borracho, una persona sin voluntad, sin metas, poco más que despreciable. Solo después de muchos años aprendí a ver en un ebrio, a una persona enferma, con miedos, que sufre, que trata de huir de su realidad por medio del alcohol. Aprendí a entender su realidad. –Tenemos que aprender que dentro de todo ser humano, existe una parte de él que siente miedo y sufre, aunque no lo demuestre, así comprenderemos muchas actitudes y comportamientos, que nos resultan a veces chocantes. –Deseo que todo lo que aquí lea, provoque una impresión en su mente. Y en el futuro, aplique en la práctica un diez por ciento de lo aprendido, con eso me quedaría satisfecho. ¿Parece poco verdad? Sin embargo, estoy seguro que le permitirá desarrollar a usted, una nueva capacidad personal, que le hará avanzar cada día más, en el saber de la hipnosis. Y descubrirá, otra forma de ver su realidad y comprender mejor a los demás. –La comprensión de la realidad ajena, es la mejor manera para estar ecológicamente integrado a nuestro entorno afectivo.

J.C. Naranjo Alcega

Introducción

La imaginación de un niño, estimulada por una fuerte emoción, puede imprimir en su subconsciente de forma perenne, una tendencia, inclinación de comportamiento o vocación futura. Esto lo experimenté personalmente, cuando sólo tenía ocho años. Mis padres, me llevaron a un espectáculo teatral; donde actuaba un mago, que hizo las delicias del público. Y para mayor sorpresa, realizó algo fantástico. Mis ojos no podían creer lo que veían. Durmió a cada una de las personas que invitaba al escenario. Les ordenaba bailar, y bailaban, llorar y lloraban, todo fue para mí y los demás era muy gracioso. Ese impacto que causó aquella experiencia infantil, me dejó marcado. A partir de aquel día soñaba con ver otro espectáculo igual. Así pasaron los años, hasta que fui descubriendo que eso se llamaba hipnosis. Era bastante difícil para mí, entender de qué se trataba. Un día sin pensarlo, cuando tenía quince años, recaló en mis manos un libro sobre hipnotismo y magnetismo. Era antiguo pero muy interesante. Ese primer libro, sobre el tema, hizo que me interesase aún más por la hipnosis. A partir de ese momento, leía todo lo que caía en mis manos, sobre la sugestión y la hipnosis. Lo hacía a escondidas, por los prejuicios que existían, en esa época.

Decepción

Cuando estudiaba psicología, pregunté inocentemente durante una clase, al profesor de psicoanálisis, si estudiaríamos algo sobre hipnosis; y él me respondió: ¡Freud ya dijo que la hipnosis no servía para nada!

Yo que practicaba la hipnosis con mis compañeros de clase, me sentí decepcionado, y creo que eso me motivo aún más a estudiar a fondo esta maravillosa herramienta. Por avatares de mi vida la licenciatura en psicología la terminé a trancas y barrancas, En tanto también me formé en marketing y comunicación y a los veinticuatro años, ocupé mi primer cargo de responsabilidad en un laboratorio farmacéutico americano.

Desde aquel momento durante veintitrés años, ocupé cargos directivos en diferentes empresas de ámbito internacional. Me desarrollé profesionalmente en comercialización, y comunicación. Durante los años, en que me dedique; a la dirección y formación de comerciales técnicos en la industria farmacéutica. Descubrí como motivar al personal, por medio de las afirmaciones positivas y la sugestión.

La mayoría de las técnicas de motivación que se utilizan hoy en día, aunque les cambien el rótulo, utilizan, la autosugestión positiva. Realicé una experiencia muy interesante, cuando dirigí, un programa de radio nocturno, durante dos años. Utilicé técnicas de sugestión colectiva. Por medio de la voz y el argumento. Me permití motivar y movilizar una comunidad, apelando a las emociones. Los resultados fueron realmente fascinantes, en consecuencia, todos esos años de experiencia maduraron una decisión importante en mi vida. Dedicarme plenamente a mi consulta clínica, enseñar hipnosis clínica, técnicas de persuasión, motivación personal, y modificación de conductas. En una palabra, me dedique a lo que más me gustaba, y para lo que me había preparado. No hay nada mejor en la vida, que hacer lo que a uno le gusta. Muchas personas son infelices, y no encuentran su camino, llegan al final de sus vidas, y aún están sin tomar una decisión, por miedo al fracaso. El fracaso no existe, solo existen resultados no deseados. Los errores son fuente de experiencia y motivación para mejorar. El Camino Secreto del Yo, es una metáfora del objetivo a conseguir con la práctica de la hipnosis o la autohipnosis. Es una forma de aprender a modificar su manera de enfrentarse al mundo y para mejorar sus patrones de comportamiento. Y si es posible ayudar a modificarlos en otras personas. Dominando, una técnica milenaria, tan poderosa como la sugestión. Le acercará a la posibilidad, de cristalizar sus deseos, ambiciones, mejorar su trato con los demás, su autoestima, y su actitud hacia el mundo exterior e interior. Este –cambio– lo debe producir usted, en la intimidad, en –secreto–, cuando más secreto es, más suyo y fascinante será. Tal vez este libro les abra el camino a nuevas perspectivas, de trabajo, de vida, de afectos. Lo más importante es estar continuamente en acción. Usted, es el capitán de su propio barco. Debe saber, cuando cambiar el rumbo. Si usted conduce un barco, deberá mover el timón suavemente, de un lado a otro, para mantener el rumbo deseado. Si conecta el piloto automático en un rumbo fijo. Siempre tendrá que prestar atención. Las olas le pueden desviar del rumbo. –Aquellos que navegan solo con el piloto automático, no van a ninguna parte– Igual que el kárate, la hipnosis le da un dominio, una superioridad, ante los demás. Jamás la utilice para atacar, utilícela siempre para defender.

J.C. Naranjo Alcega

Los diez mandamientos

1. Inicie la lectura del curso, leyendo de forma reflexiva, sin prisa. Comience su programa de aprendizaje, paso a paso.
2. Evite leer en la cama. Se dormirá.
3. Preste atención a los conceptos básicos de la sugestión y la hipnosis.
4. A medida que avance, practique los ejercicios recomendados.
5. No intente practicar ejercicios después de comer, no serán efectivos.
6. Cuanto más ejercite más en forma estará. Su mente es un músculo.
7. Este libro no produce milagros, pero sí mejorará su fe.
8. No crea todo lo que ve, ni todo lo que oye, ni todo lo que lee,
9. La realidad es relativa.
10. Lea y relea este curso, será de gran ayuda, en sus momentos más flacos.

Capítulo 1

Introducción Histórica

El testimonio tal vez, más antiguo de la hipnosis, se encuentra en el Museo Británico, aportado por el egiptólogo Ebers. El manuscrito que lleva su nombre, data de unos seis a siete mil años (a de C.), y nos informa como utilizaban la hipnosis, los egipcios para curar o eliminar el dolor, también utilizaban métodos de impresión sensorial y sugestión verbal. Otras referencias sobre hipnosis, las encontramos en la India. En los libros de las vedas, hace unos cinco mil años, (a. de C.) En yoga, se procura alcanzar el estado denominado –samadhi–, o sea, el estado máximo de conciencia, que per-mite al yogui, entrar en plano supra consciente o superior. Este estado, no es otra cosa, que un trance hipnótico. En Grecia hace cuatro mil años (a. de C.), se utilizaba la hipnosis en ceremonias de iniciación o sacramentales y curativas, tal es el caso, de la sugestión empleada en la incubación de sueños curativos, en el templo de Asclepios.

Curas milagrosas

Si investigamos en los textos bíblicos, o los historiadores griegos y romanos, a través de sus escritos, encontraremos que existen curaciones milagrosas, conseguidas a través de la imposición de manos, en la edad media también encontramos información respecto, a curas milagrosas que fueron producto de la fe cristiana. En todos los continentes, desde América, África, Asia, ancestralmente los pueblos nativos han utilizado las técnicas de la sugestión. Realizando curaciones milagrosas por medio de los chamanes o hechiceros de la tribu. Equivocadamente, la cultura popular, por ignorancia, siempre asoció la hipnosis con la brujería.

Hipnosis en Europa

Franz-Antón Mesmer (1734 -1815), Nació en Austria. Se diplomó en filosofía y derecho, ejercía enseñando filosofía o ejerciendo de abogado. Pero su verdadera profesión era otra. Así que, decidió estudiar medicina. Y en 1766, a los treinta y dos años, obtiene su doctorado de medicina. Mesmer dedica su vida a la investigación empírica de sus sueños y quimeras. Redescubre así una terapia que ya practicaba Paracelso y que se basaba en las virtudes medicinales del imán. Mesmer cree que el hombre posee también una energía magnética que puede usar para combatir las enfermedades. Esa energía la denomina −magnetismo animal−. A los cuarenta y cuatro años, Mesmer decide viajar a París en el año 1778. Los científicos de la época que asisten a sus conferencias no entienden prácticamente nada, ni cuando habla ni al presenciar sus trabajos prácticos. Sin embargo, pronto se comienzan a experimentar sus terapias entre los cortesanos. Las curaciones de Mesmer, impresionaban a todo el mundo de la época. Solo con su tono de voz, sus gestos, su mirada penetrante, hacía entrar en trance a sus pacientes, que curaban de las más diversas dolencias. Así se forjó el reconocimiento de muchos científicos de la época. Mesmer disgustado por la falta de reconocimiento oficial del reino a sus experiencias, viaja a Flandes, y no regresa jamás a Francia. Durante su ausencia, otro médico intenta darse a conocer, con gran éxito. Pero en 1784 el Rey designa dos comisiones para investigar, las propiedades del magnetismo. La comisión investigadora, entre ellos Lavoisier, Benjamín Franklin, y otros científicos reconocidos de la época. Hacen el siguiente informe: −De acuerdo con las investigaciones realizadas, decimos: que todos los pacientes estaban bajo la influencia de operador. Y bajo su influjo, aunque aparentemente están dormidos, con un gesto, o su voz, vuelven a su estado normal. La imaginación misma produce convulsiones, mientras que el magnetismo sin imaginación no produce nada− Los informes, son negativos y esa investigación provocará que el magnetismo, caiga en desgracia durante dos siglos. Refiriéndose al magnetismo, el informe continuaba diciendo: −El fluido magnético no queda demostrado de ninguna manera. Las prácticas de provocar la crisis, a través de las impresiones sensoriales y de una excitación continuada de la imaginación, pueden resultar nocivas... El espectáculo de esa crisis es peligroso puesto que puede llevar a la imitación. Por tanto, cualquier exhibición pública en la que se empleen métodos, medios magnéticos sólo puede tener, efectos peligrosos para la salud del individuo. El botánico Jean Jussieu, redactó otro informe diciendo: −Creo y acepto la eficacia de los tratamientos magnéticos, y recomiendo seguir con las investigaciones, iniciadas dentro de la medicina-. −Este investigador dio una nueva definición a esta práctica, y la denominó, medicina de contacto− Mesmer desarrolla su actividad en Prusia y en Inglaterra. En Francia el marqués de Puységur, continúa investigando la energía magnética. Después de muchos años, Napoleón Bonaparte, le concede una pensión a pedido de exalumnos y personas influyentes, pero no regresa a vivir en París. Se retira a orillas del lago Constanza. En 1812, le ofrecen una cátedra en la Facultad de Medicina de Berlín, que no acepta. Ya delicado de salud y cansado se dedica a curar enfermos pobres y sin cobrar nada. Murió en 1815, a los 81 años. El marqués de Puységur, a finales del siglo XVII, comprueba la existencia de otro fenómeno, relacionado con el magnetismo, y lo denomina: sonambulismo provocado.

Este fenómeno, también lo produce la hipnosis.

José Concepção de Faria, −Abate Faria− un fraile portugués nacido en las indias orientales, en 1766, en París, demuestra su técnica magnética, difería de la de Mesmer, en la forma, ya que él, solo apoyaba sus manos en la cabeza y los hombros del paciente durante unos minutos, para condicionarlo, y le ordenaba autoritariamente que duerma. Y el sujeto entraba en un llamado −sueño lúcido− por el Abate Faria. Sin duda es un auténtico precursor de la técnica hipnótica, que se desarrollaría posteriormente. Murió en 1819

Otro amante de las técnicas magnéticas, el suizo, Charles Léonard Lafotaine (1803-1892), viaja por varios países europeos, difundiendo el magnetismo. En una demostración en Inglaterra, por casualidad, fue presenciada por James Braid, (1795-1860) médico oftalmólogo.

Braid inspirado en el magnetismo, elabora una técnica médica moderna llamada -Hipnotismo-. Porque él deduce, que el paciente está en un estado de sueño. Y define con los vocablos griegos hip-nos = sueño, sis = estado, surgiendo por primera vez la palabra HIPNOSIS. Tiempo después Braid publica sus trabajos, en 1843, y desde entonces los caminos del magnetismo y la hipnosis se separan. Adjudicando el magnetismo a los curanderos, sanadores, y santones. Mientras la hipnosis ha seguido un camino creciente gracias en alguna medida a los hipnotizadores de teatro que durante años la mantuvieron viva, y al florecimiento reciente de un interés, por investigar más sobre ella. Con los años, y por medio de otras teorizaciones, se sabrá, que el término hipnosis acuñado por Braid, era erróneo. Debido que; como veremos más adelante la hipnosis no es un estado de sueño. A mitad del siglo XIX, el Dr. Charcot, neurólogo, y profesor de la Facultad de Medicina de París, crea la –Escuela de Hipnosis de París–, donde asistió como discípulo Sigmund Freud, el padre del psicoanálisis. Las experiencias de Charcot con los enfermos del Hospital La Salpêtrière, de París, le hacen creer que la hipnosis y la susceptibilidad, se da en casos de histeria. Charcot pensaba que sólo los histéricos podían ser hipnotizados. Un error, que generó el descrédito de la hipnosis en la mayoría del cuerpo médico.

Hipolyte Bernheim (1833-1919), médico y discípulo de Charcot, discrepa de las teorías de Charcot, y en colaboración con el Dr. Auguste Ambroise Liébault (1823-1904) prosiguen las investigaciones. Como resultado de sus curaciones, y estudio experimental de la hipnosis. Bernheim define la hipnosis como un fenómeno somático-psicológico. Y dice que la hipnosis es, –una heterosugestión o sugestión exagerada– Es el fundador de la Escuela de Nancy, en competencia con la de París.

Emile Coué, nació en París 1857 y murió en 1926. Por primera vez, manifestó su certeza, de que –la hipnosis no es provocada por la heterosugestión, sino por la autosugestión– Afirmación aceptada hoy por muchos especialistas y a la cual me suscribo. Las técnicas de autoafirmaciones desarrolladas por él hasta hoy siguen vigentes, y cada vez se profundiza más en su estudio.

Pavlov (1849-1936), eminente investigador, de la psicología científica, conocido por sus trabajos sobre el acondicionamiento de los reflejos, demostró que un estímulo repetido de placer, asociado a otro auditivo, provocaba un reflejo condicionado. Que hacía activar una respuesta neurofisiológica, con solo utilizar el estímulo auditivo.

La prueba la realizó con perros, a los que, al suministrarles comida, hacía sonar un timbre, después del período de acondicionamiento, con solo pulsar el timbre los perros secretaban saliva. Una respuesta neurofisiológica. El mismo acondicionamiento se puede realizar con un estímulo de no placer o miedo. Tal es el caso de los osos amaestrados, que les condicionan, de forma brutal, amarrados con una cuerda, colocan chapas de hierro calientes en el suelo, mientras suena una música. Para no quemarse el animal levanta sus patas, apoyándose sobre los miembros inferiores, dando saltos, a medida que sus patas se queman. En una semana el oso puede –bailar–. Este principio de acondicionamiento o de modificación de códigos de conducta, es extensible al ser humano.

Capítulo 2

El Cerebro

Se calcula que el cerebro está compuesto, por 100.000.000 de células nerviosas, llamadas neuronas, donde se encuentran las funciones vitales de la especie, y lo que conocemos por mente. Las conexiones nerviosas entre las neuronas, se realizan a velocidades superiores a los 150.000 MHz. Si comparamos la velocidad del cerebro con la de un ordenador de última generación. Pasará más de un siglo, para que los ordenadores alcancen esa velocidad. Esto nos da una idea de cómo procesa la información el cerebro.

Tamaño del cerebro

El cerebro humano, pesa 1.400 gramos aproximadamente, con una variación de +/-100 gramos. Se aloja en la caja craneal y tiene una forma adaptada a dicha cavidad. La ciencia de los siglos anteriores buscaba, una relación directa entre el tamaño y la inteligencia, para eso se pesaban los cerebros de los personajes más famosos y destacados. Se comprobó que los cerebros de dos escritores famosos, Jonathan Swift y el de Iván Turgenev, pesaban 2.000 gramos. Aunque luego se estudiaron los cerebros de otras personas con la misma capacidad intelectual, y pesaba tan sólo 1.017 gramos. El cerebro mayor, estudiado hasta hoy, pertenecía a un deficiente metal. Con lo que quedó totalmente descartada la hipótesis original.

Curiosamente los esquimales poseen como grupo étnico, el cerebro mayor. Conclusión definitiva; el tamaño del cerebro no influye para nada, en el desarrollo de la inteligencia del individuo.

Hemisferios Cerebrales

El cerebro se divide en dos lóbulos independientes, relacionados, entre sí por medio del cuerpo calloso. Durante años se ha estudiado las funciones de cada hemisferio, y se ha comprobado que el hemisferio izquierdo, controla el lenguaje verbal, y el derecho la actividad motora. Experiencias realizadas en pacientes epilépticos donde se había seccionado el cuerpo calloso, demostraron que la comunicación entre los dos hemisferios, quedaba anulada. Provocando diversas reacciones, tales como la pérdida de referencia temporal, memoria, actividad motora entorpecida, pérdida de la noción de identidad etc. A pesar de estar divididos, los dos hemisferios trabajan conjuntamente, como dos ingenieros de una empresa, con distintas especialidades. Uno es digital y el otro analógico.

Hemisferio Digital

Es el hemisferio izquierdo, procesa la información de forma lineal, literal, lógica, analítica, digital, vertical, racional, objetiva, masculino.

Controla el lenguaje escrito Habilidad numérica Emplea el razonamiento Controla el lenguaje hablado Determina la habilidad científica Controla la mano derecha

Hemisferio Analógico

Es el hemisferio derecho, actúa de forma, integral, global, intuitiva, analógica, metafórica, creativa, emocional, subjetivo, femenino

Posee percepción tridimensional Habilidad artística, pintura, música Imaginación Controla la mano izquierda Controla la pericia

Hemisferio Izquierdo

El hemisferio izquierdo, funciona de la misma forma que lo hacen los ordenadores. Con un sistema binario, para entenderlo mejor: observe el ritmo de un puntero del ratón de cualquier ordenador y comprobará, que da como pequeños pulsos, o saltos, es el hemisferio saltarín. En la medida que llega información, revisa los archivos de la memoria, por secuencias de datos. Inicia su actividad, explorando lo conocido, para responder de forma lógica. Ejemplo: ¿Quién fue el descubridor de la ruta de la seda? Automáticamente, el hemisferio izquierdo busca, referencias nemónicas para responder. Si no las encuentra procurará descubrirlas por asociación, analítica, de otros conocimientos.

Hemisferio derecho

El hemisferio derecho, funciona como un regulador de voltaje, o el regulador de sonido de nuestra cadena musical, si aumentamos la potencia, lo harán de forma continua, sin interrupción. Funciona analógicamente, en él reside la capacidad de percibir, por ejemplo, los mensajes no verbales de otras personas, reaccionar neuro-fisiológicamente, en respuesta a estados emocionales etc. En busca de respuestas creativas, intuitivas. Ejemplo. Está en el aeropuerto, por facturar su equipaje, para viajar de vacaciones a Hawái. Pero sus maletas tienen un exceso de peso de quince kilogramos, implica que deberá pagar, casi cuatrocientos dólares. Le parece una locura y no dispone de esa cantidad de dinero extra, ni tiempo para regresar a su casa y para dejar algunas cosas. ¿Cómo, resolvería la situación, para viajar sin tener que pagar el exceso de equipaje?

Primero su hemisferio izquierdo buscará soluciones, lógicas, lineales, verticales.

Si este hemisferio, le domina podrá cometer un error. Porque encontrará soluciones conocidas. El noventa por ciento de los viajeros, lleva exceso de equipajes, las empresas de aviación, conocen todos los trucos. Sin embargo, si deja que su hemisferio derecho, le guíe seguramente encontrará, alguna solución creativa, intuitiva, analógica. Su hemisferio derecho funciona a velocidad de vértigo, en él se acunan las respuestas más insospechadas, las genialidades. Deténgase aquí. Respire profundamente tres veces y relájese unos instantes. Imagine como resolvería la situación. Y comprobará como su imaginación genera opciones válidas o no, para resolver la situación planteada. No importa el resultado sino, los posibles proyectos que presenta su hemisferio derecho. Un proyecto, no necesariamente debe ser el acertado, pero le da opciones y desarrolla su creatividad

Actividad eléctrica del cerebro

El cerebro al igual que un ordenador, necesita energía, para funcionar correctamente. La energía que utiliza el cerebro es obtenida por una reacción químico -eléctrica. La electricidad que utiliza nuestro cerebro se mide en microwatios, Dicen los entendidos, que el cerebro en funcionamiento, al día consume igual que una lamparilla de 25 watios. Desde 1924 se sabía que el cerebro poseía una actividad eléctrica, pero recién en 1930 Hanz Berger pudo medir eléctricamente, la función cerebral, con el invento del electroencefalógrafo. Así se midieron por primera vez las ondas Alpha, y los diferentes tipos de ondas cerebrales. Las ondas más altas que produce nuestro cerebro son las ondas Gamma, que van de los 24,5 a más de 30 cps. Es un estado extremadamente excitado. Producimos ondas Beta, que es igual al estado de vigilia, en actividad normal, cuando nuestro cerebro genera frecuencias de 13,5 a 23,5 cps.

Las ondas Alpha, tienen una frecuencia de 7,5 a 13,5 ciclos por segundo, y el ser humano las produce cuando está con los ojos cerrados y en relajación, cuando la frecuencia es más baja, significa que hay mayor relajación mental y física. Las ondas Theta que van de los 3,5 a los 7,5 cps, se producen con el sueño fisiológico, ligero. Las ondas Delta por último muestran frecuencias muy bajas de 3,5 a 0,5 cps. Lo importante para nuestro estudio, es saber que, entre la zona intermedia, de las ondas Alpha y las Theta, con frecuencias de entre 4 a 6 cps, el cerebro entra en un estado sueño hipnótico. En ese estado se utiliza la sugestión con fines terapéuticos.

Ondas Cerebrales

	Ciclos por segundo	Estado mental
Gama	24,5 o más	Hiperexitación
Beta	13,5 a 23,5	Vigilia
Alfa	7,5 a 13,5	Relajación
Estado Hipnótico creatividad, psicoterapia, programación		
Theta	3,5 a 7,5	Sueño fisiológico

Teoría de los tres estratos cerebrales

Esta teoría es la aceptada en la actualidad, a la cual me suscribo. Fue formulada por el Dr. Paul Mac Lean, en el Instituto de Salud Mental de Maryland (USA.) Divide el cerebro en tres estratos; el cerebro reptil, el sistema límbico, y el neocórtex.

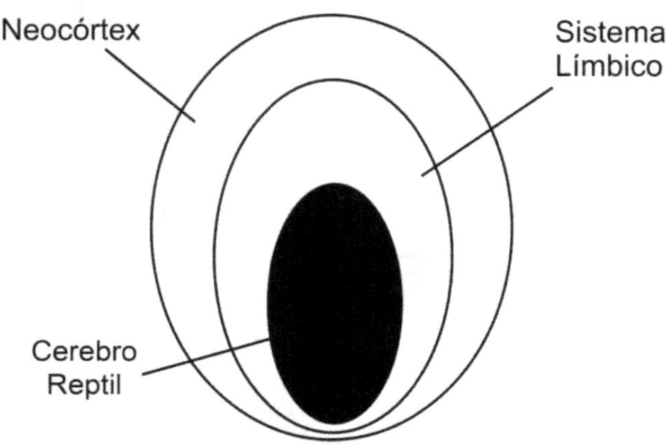

Cerebro reptil

El cerebro reptil, sobrevivió más de 200 millones de años. Era el que guiaba a los reptiles a realizar todas las tareas esenciales para la supervīvencia, alimentarse, procrearse, defender su territorio, así vivieron millones de años, hasta que los cambios climáticos, cataclismos. Hicieron, que las especies tuviesen que cambiar de hábitos y geografía, así surgieron nuevas subespecies, y especies, de sangre caliente.

El nuevo cerebro del reptil desarrolló otros mecanismos para controlar la temperatura del cuerpo, la deshidratación. El cerebro reptil aún está en nuestro cerebro.

Sistema límbico

El cerebro original de los reptiles, después de millones de años evolucionó, se fue consolidando en el cerebro actual de los animales de sangre caliente. Está constituido por un complejo neuronal y glandular, donde encontramos el bulbo raquídeo, el cerebelo, en la parte baja del cerebro, en la base de la caja craneal, en la parte superior interna encontraríamos la hipófisis; ésta conecta con el tálamo y el hipotálamo.

El tálamo, es una glándula que se encuentra por debajo del cuerpo calloso. Se lo define como el centro de la memoria, (La nueva teoría de Karl Pibram no entiende lo mismo) es una zona donde recibimos y acumulamos estímulos sensitivos, experiencias, nuestros conocimientos, y nuestros instintos. El tálamo actúa descodificando la información almacenada, y la envía a otras zonas cerebrales. En resumen, el tálamo sería lo que se conoce corrientemente con el nombre de subconsciente.

El hipotálamo, es un órgano del tamaño de una pulgada, regula las funciones sexuales, la secreción de adrenalina suplementaria, en situaciones de estrés, regula la temperatura corporal y la cantidad de agua en el organismo, por tanto, regula la sed y el hambre.

La glándula pituitaria, situada dentro del sistema límbico, produce las hormonas sexuales, y del crecimiento.

El bulbo raquídeo, se encuentra conectado a la médula espinal, y es el encargado de transmitir información entre la médula y los centros nerviosos superiores. Corresponde al cerebro reptil.

Su función es comandar el funcionamiento, autónomo de los órganos internos, corazón, pulmón, intestinos, etc. Actúa regulando el ritmo respiratorio, circulatorio, y el metabolismo. Controla las funciones vegetativas. Es la memoria interna de nuestro ordenador. Si entramos en un estado de coma cuatro, por ejemplo, continuamos viviendo gracias a él.

El hipocampo, tiene la forma de caballo de mar, controla las sensaciones, de miedo, rabia, cólera. Este órgano sería el responsable de transformar los recuerdos a corto plazo, en recuerdos a largo plazo.

Neocórtex

El neocórtex, es la parte humana del cerebro, y digo humana, porque nos diferencia de la mayoría de los animales. (El delfín, los monos y el perro tienen un gran neocórtex.) Esta parte de nuestro cerebro, la hemos desarrollado en la última etapa de nuestra evolución, hace millones de años. El neocórtex, nos permite modificar, conscientemente nuestra conducta animal, o sea, la de los instintos.

Gracias al neocórtex, poseemos las capacidades, que nos definen como humanos. Allí se aloja la censura consciente de nuestra mente. La excitación del neocórtex, es la clave para provocar estados alterados de conciencia. Una acción de estímulo o que excite, repetidamente el neocórtex, provocará la ruptura de la censura consciente. A eso le llamo –momento de la fractura–. Como lo veremos detenidamente, más adelante.

Capítulo 3

La Memoria

¿Cómo funciona la memoria? Según las investigaciones más recientes tenemos tres tipos de memoria.

La memoria inmediata (MI) Es la que está, presente en nuestra mente 30 segundos

La memoria a corto plazo (MCP) Es la que permanece disponible de 30 segundos a 24 o 48 horas.

La memoria a largo plazo (MLP) Es la que se fija indefinidamente.

El cerebro; realiza sus conexiones neuronales, por medio de las neuronas, que poseen una cola larga llamada (axón), y un conjunto de otras colas más cortas que se llaman (dendritas.)

Al tocar un axón de una neurona con las dendritas de otra, se produce una (sinapsis.) Sinapsis es una conexión abierta, es como una autopista de la información. Allí se produce el intercambio de información. Las sinapsis se producen en las zonas cerebrales donde está activa la memoria. El cerebro en respuesta a un estímulo externo o interno, produce unas sustancias llamadas neurotransmisores, calpaína, D-amino-D-arginina-vasopresina, conocida como -aa-, endorfinas, norepinefrinas, dopamina, serotonina, etc. Los neurotransmisores, son los encargados de activar las respuestas concretas para cada situación. Por ejemplo; ante una situación de peligro, ordena secretar adrenalina y aumenta la tensión muscular preparándonos para la huida, en el caso de una situación placentera, secretamos, adrenalina, -aa- entre otros neurotransmisores, y altas dosis de norepinefrina, endorfinas, dopamina, que poseen un fuerte efecto anestésico, y placentero. Como otro ejemplo, podemos mencionar las sensaciones que sentimos en el orgasmo. etc.

La memoria ¿Dónde reside?

Hasta hoy se creía que la memoria, se encontraba en una zona determinada del cerebro, más precisamente en el tálamo. No obstante, se ha comprobado, que personas que han perdido parte de su cerebro en un accidente, han podido recordar y reconstruir sus experiencias nemónicas sin problemas. Se han definido las zonas controladoras, de la vista, oído, gusto, olfato, pero no se han encontrado indicios claros, de una zona determinada para la memoria. Este hecho inspiró al Dr. Karl Pibran, para formular su teoría de memoria holográfica.

Memoria holográfica

El neurofisiólogo Karl Pibram desarrolló, el concepto de pensamiento holográfico. Un holograma es una imagen en tres dimensiones analizada a través de la luz coherente del láser. Se ha descubierto que la forma en que está ordenado un holograma está directamente ligada al funcionamiento de nuestro pensamiento, a nuestra descripción y nuestra percepción del mundo. La imagen reproducida por un holograma es de tres dimensiones, lo que significa que según el ángulo en que nos situemos en el espacio tendremos una visión diferente de la misma realidad que es el propio holograma.

El aspecto más revolucionario del concepto de holograma es que una parte cualquiera del holograma puede restituir la imagen completa. Imaginemos que tenemos un holograma de un paisaje, lo vemos en tres dimensiones, por el frente, por los costados, por detrás. Si cortásemos una parte de ese paisaje, tal vez una pequeña flor, con la información almacenada en esa parte holográfica, podríamos reconstruir todo el paisaje. Según esta regla, –la parte contiene toda la información, del conjunto del que forma parte–.

H. Lashley, entrenaba animales de laboratorio y después les destruía selectivamente porciones del cerebro con el fin de poder eliminar el lugar dónde estuviera almacenado el aprendizaje. La pérdida de las partes del cerebro supuso una disminución de sus éxitos, pero fue imposible conseguir la erradicación de lo que se les había enseñado, lo cual confirmaría la teoría de Pibram. Esta teoría es también la confirmación del carácter holístico de nuestro ser. Si la memoria se almacena en todo el cerebro. Y el holograma per-mite, que un fragmento de un todo, pueda reproducir el todo. Pibram dice: que por medio de la información que contendría una sola neurona, podríamos recuperar la información completa de la memoria de un cerebro. Ya hemos asistido a la reproducción animal a partir de una célula de la madre. Esto demuestra que la célula posee toda la información genética. Por lo tanto, a medida que se avanza en las investigaciones, la teoría holográfica de Pibram, se refuerza cada vez más.

Un recuerdo ¿Cómo lo grabamos?

Para que un recuerdo se grabe en nuestra mente. Deben producirse dentro del cerebro, dos acciones en milésimas de segundo. Debe responder al estímulo y mantener la información indefinidamente.

El origen de ese extraordinario mecanismo de la mente, según las más recientes investigaciones, en la Universidad de Irvine, California, está en las sinapsis que se producen en el hipocampo.

Los recuerdos negativos son esenciales

Las experiencias y recuerdos negativos son esenciales para sobrevivir, ya que son un medio de autoprotección, que desarrollamos desde la infancia. Ejemplo; a los tres años, nos quemamos la mano con la puerta del horno de la cocina, y a partir de ese momento, no tocamos nunca más la puerta. Y cada vez que percibíamos, el menor calor cerca del horno encendido, nos alejábamos. Pero si no había calor lo tocábamos. ¿Cómo aprendimos eso? Gracias a la norepinefrina, que es la responsable de poner en funcionamiento la (MLP) memoria a largo plazo. En el caso, que no se pudiese producir norepinefrina, por algún bloqueo en nuestro cerebro, olvidaríamos todas nuestras experiencias anteriores. Ante una situación emocional fuerte, la norepinefrina, que es la responsable de la memoria a largo plazo, ordena al cerebro que grabe la experiencia, como un recuerdo. Parece cierto que la adrenalina, es la encargada de –fijar– el recuerdo. Según James Mac. Gaugh, psicólogo y biólogo de la Universidad de California, comprobó en ratas, que cuando no producen la suficiente adrenalina, tienen una capacidad menor de recordar, que aquellas ratas que producen adrenalina normalmente. Y las ratas a las cuales se les inyecta adrenalina, después que han aprendido algo, recuerdan con más facilidad lo aprendido. Conclusión: la adrenalina es un –fijador– de las impresiones. Opino que, la adrenalina y la norepinefrina, representan un papel fundamental en la autosugestión involuntaria. Y en estos casos la impresión se fija, por excitación emocional. Sea de miedo, sufrimiento, felicidad, placer, sorpresa, etc. La sugestión involuntaria será negativa o positiva, según el tipo de excitación emocional, que la haya desencadenado.

Capítulo 4

La Mente

El razonamiento, puede ser inductivo o deductivo, tomado como base el pensamiento vertical tradicional.

Razonamiento inductivo

Es analítico y nos permite llegar a conclusiones generales desde casos particulares. Por ejemplo; si arrojo un ladrillo desde un tercer piso, caerá atraído por la fuerza de gravedad al suelo, si lo arrojo hacia arriba, caerá al suelo. Un objeto pequeño arrojado cae al suelo. De ahí induzco, que todo lo que tire hacia arriba caerá al suelo, sin importar su peso.

Razonamiento deductivo

Es sintético por deducción desde un presupuesto general arribamos a conclusiones particulares. Por ejemplo; todos los japoneses hablan japonés. Como mi vecino nuevo es japonés, debe hablar japonés. Todo razonamiento es inferido. Mediante el proceso de inferencia, discernimos sobre verdades relacionadas.

Por ejemplo; lo nuevo por inferencia de lo conocido. Llegamos a conclusiones reales o falsas, dependiendo de la experiencia conocida, bajo un esquema de relación causa y efecto.

La mente dual

La teoría de la mente dual es aceptada por todas las escuelas de psicología. Sin embargo, es solo una exposición figurada para facilitar la comprensión de su funcionamiento, ya que en la realidad sólo existe una mente. Los procesos mentales en el ser humano se caracterizan, y se diferencian de los otros seres vivos, porque son dominados o regulados por la razón.

Mente voluntaria e involuntaria

La mente voluntaria; es racional, consciente, es la que nos diferencia de los animales. Por medio de esta mente desde la infancia, aprendemos las primeras letras, razonamos y reflexionamos, creamos, hablamos, aprendemos otras lenguas, poseemos el deseo de superación, de autoestima, y sobre todo nos ha permitido controlar nuestros instintos, e integrarnos en una sociedad –civilizada–. La mente involuntaria; es irracional, es la mente inconsciente, instintiva, modelada por la herencia genética. Donde albergamos, los programas de funcionamiento corporal involuntario, de nuestros órganos internos, de musculatura lisa como corazón, pulmón, etc.

Y también el comportamiento animal en puro estado, como el instinto de conservación de la especie, violencia, agresividad etc.

Dentro de la mente involuntaria se almacena la memoria a largo plazo, una vez procesada como acto automático. Puede ser controlada por la mente voluntaria en algunos casos. Ejemplo; andar en bicicleta. Las dos mentes conforman un entramado de conexiones neuronales, como el interior de un ordenador.

Los dos compartimientos más destacados son, el consciente y el subconsciente, donde en su zona más profunda se encontraría el inconsciente.

La mente y memoria a largo plazo

La Memoria a Corto Plazo (MCP.) Es aquella que utilizamos, para recordar números, nombres, direcciones, recados, todo aquello que utilizamos y que su importancia es momentánea. Por ejemplo; nos presentan a alguien y recordamos su nombre, Ahora bien, si la persona no es importante para nosotros, o no resulta necesario recordar el nombre. Se olvida al poco rato. Un número de teléfono, lo tenemos en mente mientras marcamos, pero si no es de importancia se olvidará a los pocos minutos. Sin embargo, si es el teléfono del trabajo, la novia, la hija, etc. Esa información pasa al preconsciente, dentro del subconsciente, donde se encuentra la Memoria a Largo Plazo (MLP), y podremos recurrir a ella, voluntariamente.

Toda la información, repetitiva o cargada de emoción, pasará a la (MLP.) Ejemplo; una canción, una oración religiosa, la primera experiencia sexual, será recordada toda la vida, por agradable o desagradable que pueda haber sido. Cuando la información recibida se salta la zona de la consciencia, se denomina –estímulo subliminal–, este tipo de información pasa directamente al subconsciente, depositándose en la zona inconsciente. Cualquier información subliminal, reaparecerá espontáneamente ante un estímulo, sin que nos demos cuenta. Ejemplo; las fobias, hechos traumáticos de la infancia, que dejaron señales subliminales. El funcionamiento de la mente es interactivo. Por efecto de la voluntad activamos zonas cerebrales y corporales determinadas. La atención, el pensamiento, la concentración, podemos controlarlos voluntariamente Pero también pueden ser activados involuntariamente. El funcionamiento interactivo, se da en este ejemplo; –pienso y me concentro en recordar lo que hice el domingo por la tarde, y sucede que mientras trato de recordar lo que me interesa, aparecen en mi mente otros pensamientos dispersos, e imágenes, que después de un lapso de tiempo, desvían mi atención Eso se produce por la acción de la mente involuntaria. Y se le llaman, falta de concentración. Pero comprobaremos más adelante que esa falta de concentración, se produce en la mayoría de los casos excepto, los patológicos, como resultado de utilizar técnicas inapropiadas de fijación de la atención y concentración. Es un aprendizaje adquirido, defectuoso.

La Mente

La mente consciente y actos automáticos

En el preconsciente, se aloja la (MCP) memoria a corto plazo, o sea, todo lo que utilizamos y recordamos a diario. Esos recuerdos están disponibles para recurrir a ellos con facilidad. Si un recuerdo, es importante para nosotros, por repetición durante algún tiempo, puede pasar a la mente inconsciente, y transformarse en un acto automático. Tal es el caso de patinar, andar en bicicleta, conducir un coche.

Cuando aprendimos a andar en bicicleta, después de darnos unos cuantos porrazos, aún teníamos que concentrarnos para coordinar el pedaleo con el equilibrio, una vez que ese aprendizaje fue superado, pasó a nuestra mente inconsciente convirtiéndose en un acto automático. Jamás se olvida, andar en bicicleta, o patinar, o conducir un coche.

Un acto automático, también pude instalarse de forma inmediata, cuando el estímulo o experiencia, se salta la zona de censura del preconsciente, y pasa directamente al inconsciente, con un efecto subliminal.

En la imagen siguiente, vemos un esquema del funcionamiento, de nuestra mente, con la intención de facilitar la comprensión del complejo proceso perceptivo-nemónico.

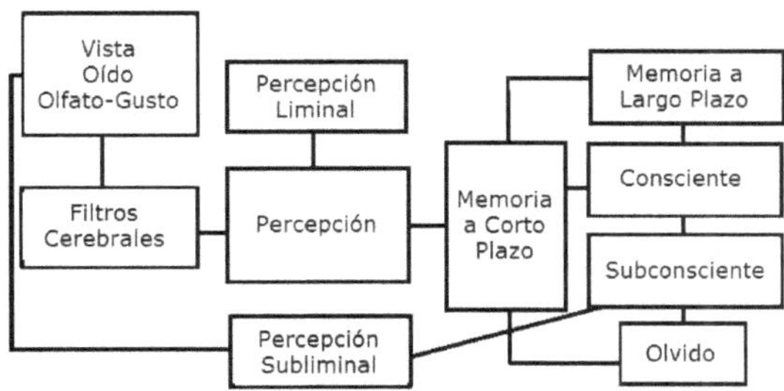

Capítulo 5

La Atención

La atención es el proceso por el cual, concentramos nuestra conciencia, localizando un estímulo exterior en forma de imagen, sonido, tacto, olfato. O interior cuando el estímulo es un pensamiento o una sensación. La atención puede ser natural o voluntaria.

Atención natural

La atención natural la posee todo animal inferior y también el ser humano. Para que la atención natural sobre un objeto dure algún tiempo, el estímulo debe ser interesante, si no dirigirá rápidamente su atención hacia otro estímulo. La atención natural es involuntaria. Un bebé de ocho meses juega con su chupete, hasta que ve a su madre, y dirige su atención hacia ella, la madre le da un sonajero y el bebé concentra su atención en el nuevo estímulo. Un gato juega con un insecto, hasta que otro estímulo lo distrae y fija su atención en el nuevo estímulo. La atención natural es instintiva.

Atención Voluntaria

Sustancialmente la diferencia entre el hombre y los animales inferiores, es que posee la capacidad de desarrollar y potenciar la atención voluntaria. El hombre aprende a controlar la atención voluntaria. Así consigue superar impulsos y dictados de la atención natural, esta capacidad de control, le permite desarrollar el poder de la voluntad.

Importancia de la atención voluntaria

Es fundamental el desarrollo de la atención voluntaria, por eso desde la infancia, los programas de educación se esfuerzan en este sentido. En las entrevistas informativas donde un profesor habla con los padres de un alumno, lo más común es oír la frase: –Vuestro hijo no atiende las clases, se distrae mucho– etc. Es en lo que más insisten los profesores, y es justo, ya que si el niño es inquieto y molesto en la clase a sus compañeros les es imposible desarrollar ninguna tarea que requiera la atención voluntaria. Fortaleciendo la atención voluntaria, forjamos el poder de voluntad. Los niños sobreprotegidos, mimados que les dejan hacer lo que quieren, tienen dificultades para desarrollar su atención voluntaria, y suelen fracasar en los estudios.

Capítulo 6

La Percepción

La Realidad ¿Existe?

Una buena pregunta. Para poder responderla, tendríamos que preguntar: ¿Qué realidad?, ¿La suya o la mía? La realidad individual, la creamos interiormente cada individuo. En respuesta a los estímulos, interiores o exteriores, que afectan a nuestros sentidos. Los órganos sensoriales son más de cinco, aunque algunos aún, no los conocemos. Ellos son, los encargados de activar nuestro sistema de percepción. Vista, oído, olfato, tacto, gusto y más recientemente, el órgano vomeronasal.

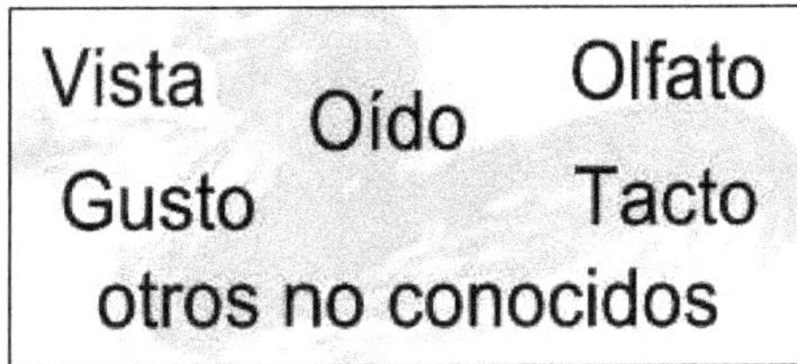

Para nuestro interés veremos, el sistema visual, auditivo, y kinestésico o sensitivo, en este último se agrupan el sentido del tacto, el olfato, el gusto, y las sensaciones internas. Toda la información exterior, es enviada al cerebro, por nuestros órganos sensitivos. Crean en el ámbito subconsciente o inconsciente, una realidad personal y única. En función de nuestra experiencia sensorial, diseñaremos nuestra realidad, de acuerdo al sistema sensitivo que domine el proceso de la comunicación con el exterior.

Proceso de comunicación con el exterior

Imagine una antena parabólica en su cabeza. Que está captando todas las ondas electromagnéticas, que existen en el espacio. Según la frecuencia y longitud de onda, podría percibir un sonido, un color, un olor. Tal vez le resulte raro. Pero, es así. Términos tan frecuentes como, microondas, rayos ultravioletas, rayos infrarrojos, frecuencia modulada, etc., conviven con nosotros, pero no los vemos. ¿Por qué? Por qué en la frecuencia y longitud de onda en que se producen, nuestros filtros sensoriales, no les permiten entrar en nuestro cerebro. Recuerdo cuando yo era niño, el día que practicaba la lección de flauta, que me daban en el colegio, mi perro aullaba. Yo pensaba, que a mi perro no le gustaba la música. Pero la música de la radio no le afectaba. Mi padre me explicó, que los tonos que yo emitía, al ser tan desafinados producían frecuencias muy altas, ultrasonidos, y el pobre perro los detestaba. ¡Sin embargo, a mí me gustaban! Lo mismo sucede con los rayos ultravioletas e infrarrojos. La sabia naturaleza, nos ha diseñado así. De lo contrario, enloqueceríamos con tantos estímulos exteriores. No podríamos sobrevivir al estrés que nos causaría. Resumiendo: nos comunicamos con el exterior, mediante, los órganos sensitivos. La información recibida, por nuestros sentidos de la vista, oído, olfato, gusto, tacto, se procesa y se –filtra– en la zona de la percepción. Esta, es una zona consciente, allí filtramos la información nueva, y la modelamos con información propia, existente en nuestra memoria a largo plazo, que como sabemos está en nuestro subconsciente.

Esa interrelación, genera una realidad individual. Y esa realidad individual, es completamente diferente a la realidad exterior. Tal vez, le cueste entender, que la verdadera realidad, la realidad objetiva, es la exterior. Pero nosotros no la podremos interpretar exactamente jamás. Porque, en cuanto nuestro cerebro la procesa, la modifica según nuestras experiencias pasadas. Por eso, nuestra realidad siempre es y será subjetiva.

¿Cómo se procesa la información del sistema sensorial?

La electroquímica cerebral es la encargada de resolver esa situación. Los neurotransmisores, son los responsables de dar la respuesta adecuada a cada estímulo. Un ejemplo: ponen ante mis ojos, un helado de nata y chocolate. Antes de probarlo. Mi cerebro, ya decodificó la información, y la modeló con la información interior existente. Seguidamente mi mente consciente me da las instrucciones: ¡Cuidado con la primera cucharada! Porque el helado está muy frío, (Esa información sería común en una persona con problemas de sensibilidad dental) la saliva inunda mi boca, el color del chocolate, me recuerda mi helado favorito. Ya estoy liberando neurotransmisores, dopamina, endorfinas, etc., en cantidad adecuada a la situación

Pero cuando pruebo el helado, mi ordenador central me dice: que, por el sabor, y la textura del helado en mi paladar, no es la marca que como habitualmente. Su sabor no me da las mismas sensaciones de placer. Automáticamente mi ordenador central, deja de producir dopamina, endorfina, y secreta algo de adrenalina y serotonina. El displacer es evidente, y se manifiesta hasta en los gestos de mi rostro.

De esta forma resumida, es como se cerraría el círculo en un proceso de comunicación, y su respuesta electroquímica.

Recuerdo cuando tenía cinco años, veía a mi padre como un gigante. Cuando cumplí los quince años, yo era casi del alto de mi padre. A un niño de cinco años, todo le parece enorme, y la forma y el tamaño inciden en su realidad del mundo exterior. Es bueno jugar con los niños en el suelo, a su altura, así se sienten realizados y conectan mejor con sus padres.

Una persona miope con gruesas gafas, percibirá la realidad exterior, de forma diferente a una persona con visión correcta. Una persona ciega, de nacimiento fabricará su realidad exterior, en función de los sistemas auditivo y cenestésico (tacto, olfato, gusto, sensaciones corporales etc.)

Es importante recordar, por tanto, que no existen dos realidades iguales, de tal forma que, nuestras relaciones interpersonales estarán siempre influenciadas, por la realidad propia, y la del interlocutor.

Sin duda la mejor manera de mejorar nuestra comunicación con los demás es respetando la realidad ajena. Nunca debemos prejuzgar por las apariencias. Es una práctica habitual dejarnos llevar por la apariencia de la persona, su forma de hablar, su comportamiento, su forma de vestir, etc. Debemos entender que ese comportamiento, es consecuencia de algo, y es una respuesta a algo. Seguramente un reflejo de su forma, de decodificar la información recibida, por los estímulos exteriores y su experiencia anterior. Aquí es bueno recordar aquella anécdota personal en la tienda de Don Julio, cuando me hizo comprender que había clientes para todo.

Observe como una persona con problemas de audición, inclina la cabeza, hacia un lado, o instintivamente, acerca su mano a la oreja. Estas personas, no se dan cuenta de esos gestos. Ya se han transformado en inconscientes o automáticos.

Niños y adolescentes, con problemas en el estudio de idiomas, o fracaso escolar se debe a una deficiente audición o visión. La información que una persona con problemas auditivos, visuales, recibe del exterior es totalmente diferente, a la información procesada por alguien que oye y ve perfectamente. El hombre como los animales, se adapta al medio. Por tanto, aquellas personas que tienen una deficiencia, auditiva o visual, desarrollarán más otro de los sentidos para compensar.

Un ciego desarrolla más el tacto y el oído. Un sordo, desarrolla más su tacto, y tendrá una gran memoria visual. Una persona sin manos, puede llegar a desarrollar la destreza de pintar con sus pies. Pero podría rechazar toda relación que implique caricias Estos ejemplos, simplemente nos dan una idea, de cómo puede ser diferente la realidad personal. La realidad individual siempre, se estructura, en función de una asociación. Entre la realidad exterior y realidad interior, construida por experiencias anteriores.

Para la práctica de la hipnosis es muy importante, determinar cuál es la clave de acceso a la información. O sea, cuál de los sentidos domina en el proceso de codificación, de datos en nuestra mente. Auditivo, visual, gusto, olfato o cenestésico, para desarrollar la estrategia de inducción.

Claves de acceso ocular

Las claves de acceso ocular, nos permite saber qué sentido es el dominante en una persona. Para ello tenemos que realizar algunas preguntas para detectar su estrategia interna de codificación. Observando los movimientos oculares.

Nuestra neurofisiología nos deja al descubierto, en cuanto procesamos una información, ya sea externa o interna, ordena movimientos oculares específicos, micro movimientos, y gestos que permiten detectar el sentido dominante. –John Grinder y Richard Bandler, fueron los primeros en definir, estos comportamientos. En su libro: Estructura de la magia Vol. I 1980–

Haga una práctica, con alguna persona amiga o familiar, haciéndole algunas preguntas o diciendo que recuerde algo. Use alguna de estas preguntas. Ejemplo: ¿De qué color tenía los ojos tu abuela? ¿Para qué lado, se abre la puerta de tu dormitorio? ¿Cuántos portales hay desde la esquina a tu casa? Recuerda el tono y timbre de voz de tu padre. Recuerda y tararea tu melodía favorita. Imagina que viertes unas gotas de limón en tu boca. Imagina un trozo de hielo en tu mano. ¿Qué sensación te produce? Recuerda el olor a la canela. Según la dirección de los movimientos oculares al realizar la pregunta, Usted, pude identificar el sentido, y la estrategia que domina el proceso.

Puede ocurrir que al decirle a nuestro colaborador que tararee su melodía favorita. Primero haga un movimiento rápido de sus ojos hacia abajo a la derecha, (chequeando sensaciones, sentimientos) y luego mantenga unos instantes sus ojos, hacia el centro a la izquierda. Esto nos diría que, para tararear la melodía, primero recordó las sensaciones y sentimientos que sintió la primera vez que la oyó (Tal vez con una persona especial.) Pero luego antes de tararearla, recordó auditivamente, los sonidos. También es importante prestar atención a los predicados que utiliza. En una conversación preste atención a como elabora, sus frases y predicados, su interlocutor. De acuerdo con la repetición de verbos, vocablos, como ver, oír, sentir, etc. Ud., puede orientarse, para saber cuál es su clave de acceso.

La Percepción

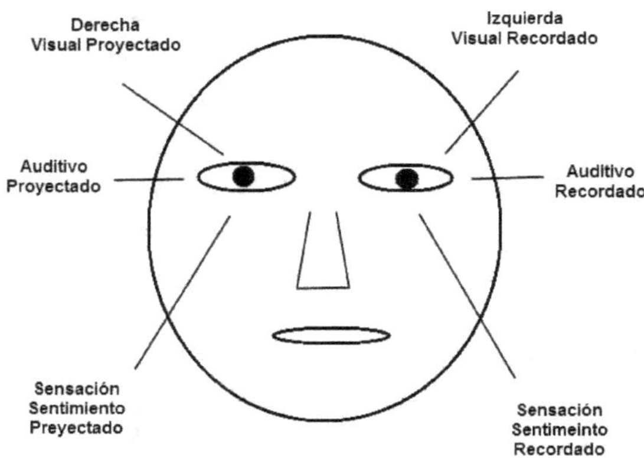

Si alguien dice: Cuando imagino el futuro, veo que no está muy claro el tema que me plantea... etc. En esta frase, comprobamos que los predicados son visuales. Por tanto, la clave de acceso de esta persona es visual. Veamos algunos ejemplos de predicados

Visual: Ver, mostrar, aclarar, iluminar, perspectiva, claro, oscuro, radiante, nítido, visualizo, preveo, horizonte, amanecer,

Auditivo: Oír, escuchar, sonar, articular, callar, alto, fuerte, bajo nivel, alto nivel, estereofónico, barullo, chirrear, chillar, gritó.

Kinestésico: Sensación, sentir, apretar, golpear, tocar, al alcance de mi mano, aterciopelado, sedoso, irresistible, cálido, acogedor, frío, suave, etc.

Olfato – Gusto: Amargura, asqueroso, amargar la vida, su perfume, dejar la boca hecha agua, picante, ácido, comentario ácido, sabor, olor raro, etc.

¿Por qué es importante saber cuál es la clave de acceso de información, en la práctica de la hipnosis? *Porque de esa forma la inducción la iniciaremos utilizando el canal más especializado.*

La palabra

Una palabra significa algo, porque así lo aprendimos. Mi cerebro identifica la palabra –pan– como alimento, de sabor agradable, crujiente, etc. Pero también, la puedo identificar con sufrimiento, hambre y penuria. Si me ha tocado vivir una época de guerra o de privaciones. También podría haber aprendido, a identificar la palabra –ventana–, como alimento crujiente, de sabor agradable. Obviamente la palabra –pan– no significaría lo mismo.

Las palabras sólo valen según el significado, que nuestra mente les ha dado y la energía emocional que transmiten. La palabra cambia su significado, cuando la mente decodifica el fonema, y lo coteja con la información anterior registrada en la memoria. Pero, además, la mente percibe la fuerza emocional de ese fonema, analizando micro movimientos faciales y corporales, del interlocutor. Si yo digo: ¡Te mataré...! y acompaño la emisión fonética, con una sonrisa, y una inclinación de mi cabeza hacia un lado, llevando los ojos hacia arriba. Nadie podrá interpretar, que tengo esa intención. Pero si digo: ¡Te mataré!... acompañando mi voz con los puños cerrados, el ceño fruncido, los ojos mirando fijamente al centro, los dientes apretados... La interpretación será diferente. La entonación y los gestos, son los responsables de cargar la energía y la emoción en el mensaje Para que la comunicación sea correcta, tiene que haber congruencia, entre el mensaje y los gestos. Es fundamental que el hipnólogo, domine el proceso de la comunicación.

La hipnosis en sí misma, es comunicación.

El sexto sentido

Nuestro sistema de percepción, ha perdido capacidad con la evolución del hombre, el sentido del olfato, por ejemplo, es poco utilizado, en relación con los animales inferiores. El sentido de la vista, el oído, el tacto y el gusto, son los que utilizamos con más frecuencia, y por eso se mantienen más activos, a pesar de haber perdido capacidad. Un hombre de ciudad, por lo general, no posee la agudeza auditiva y visual de un aborigen de la selva, y menos el olfato. Los indios amazónicos, siguen el rastro del hombre blanco por el olor. Todas estas mutaciones, han hecho que también cambie, la percepción de la realidad.

Tal vez por necesidad de protección a la especie, los indios amazónicos, han desarrollado o mantenido más activo el sentido del olfato. Los esquimales identifican ocho tipos de nieve diferente, cuando para nosotros solo existe uno, la nieve blanca y fría.

Como en su hábitat, solo hay nieve y la vida o la muerte dependen de ella, han aprendido que hay ocho tipos de nieve, aunque solo utilizan un solo nombre para todas, con alguna variación fonética. Tal vez una para caminar seguro, otra donde hacer fuego, otra donde encontrar osos o focas, etc. El medio geográfico, social, cultural, religioso, y la forma en que percibimos el mundo exterior, forman nuestro carácter y comportamiento futuro.

Se ha especulado mucho sobre la existencia de un sexto sentido, que por lo general la cultura popular lo atribuye a la intuición. Cuando se especula, todo es aceptable. Pero existe una nueva teoría al respecto.
Un nuevo órgano sensorial llamado vomeronasal, (OVN), conocido como el órgano de Jacobson, en honor al cirujano danés que lo descubrió en el siglo pasado, en mamíferos.

El órgano vomeronasal (OVN)

En 1970, el naturalista francés, Jean-Henri Fabre, constató que los animales se comunicaban por un sofisticado sistema de señales químicas, Fabre en esos tiempos, creyó que se trataba de una función adicional del olfato. En 1959, Adolf Butenandt, descubrió una sustancia química que secretaba, y liberaba la hembra de la mariposa del gusano de seda, para atraer al macho. Luego comprobó también, que otros animales, emitían sustancias químicas similares. Unificando todas las sustancias, de las diferentes especies, la denominó con el término de –feromona–. Palabra de origen griego que significa, que lleva o transmite excitación.

A comienzos de los noventa, las investigaciones permiten inferir, que los humanos también utilizarían un sistema de señales perceptivas en el ámbito inconsciente, similares a los otros animales. El ser humano puede reconocer unos 10.000 diferentes olores, y no se sabe cuántos tipos de feromonas. Los científicos centrados en estos estudios, consideran que además de las feromonas que actúan estimulando la sexualidad y el apareo. Existen otros tipos de feromonas que cumplen funciones diferentes. Este diminuto órgano se encuentra debajo de la nariz, apoyado en el vómer, sobre el paladar, mide 0,2 a 2 milímetros, el órgano es visible en el feto humano, pero después se atrofia disminuyendo su tamaño. El científico Luis Monti Bloch, neurofisiólogo de la Universidad de Utah, Salt Lake City (EE. UU), en 1991 demostró que el órgano vomeronasal, respondía a los estímulos de las feromonas humanas.

Lo demostró con un experimento, que consistía en colocar en la nariz de los pacientes, diversas sustancias como: polvo, polen, aire puro, feromonas humanas sintéticas, una solución sin feromonas, y algunas esencias olorosas. Resultado sólo las feromonas produjeron una reacción contrastada del OVN.

Olores y feromonas

La diferencia fundamental en la percepción de los olores y las feromonas, radica: en que los olores se procesan, en el ámbito de la consciencia, y las feromonas en cambio, lo hacen subliminalmente, o sea, bajo el nivel de la consciencia. Ejemplo; huelo un melocotón, y soy consciente que es un melocotón. Huelo una esencia sintética de melocotón, y soy consciente del olor a melocotón. Pero, además; soy consciente de su característica sintética. Por las investigaciones realizadas, con feromonas, el consciente no participa. Sin que supiesen que olían, a un grupo de mujeres, se les hicieron oler, camisetas usadas de hombre y a hombres camisetas usadas de mujer, las respuestas fueron similares. Al cabo de unos minutos de oler las ropas continuamente. Sentían un estado, o sensación excitante que relacionaban al sexo.

La función del OVN, es selectiva total a las feromonas. En mi opinión detrás de las feromonas, tal vez encontremos más respuestas con el tiempo. Así como proyectan el atractivo y deseo sexual, entre las personas, no sería erróneo pensar, que a la distancia podemos percibir la llegada de una persona cuyas feromonas estén registradas en nuestro cerebro. Como ocurre con los animales.

Muchas veces le habrá sucedido, ir por la calle, pensar en una persona. Y a la vuelta de la esquina encontrársela. ¿Qué casualidad? Popularmente, lo atribuimos, a la transmisión del pensamiento. ¿Es telepatía? o ¿Conexión feromónica? No sabemos. Pero no hay duda que es un sexto sentido.

Recuerdo las sensaciones que me causaba una compañera de la escuela secundaria, no era guapa ni de esas jóvenes que estimulan la fantasía visual de un adolescente, pero me transmitía algo que me ponía como una moto y la veía guapísima, a pesar de los chistes de mis compañeros. Era una persona muy interesante. Hoy lo entiendo, como una comunicación a través, de las feromonas.

La Ilusión

La ilusión, es un estado que se produce en nuestra mente, impulsada por la necesidad de encontrar respuestas a un estímulo interno o externo. La ilusión es subjetiva. En ejemplo sería este; nos ilusionamos con una persona que nos presentaron en una fiesta. De pronto sentimos que gustamos de ella. ¿Por qué? Porque nuestro sistema de percepción, decodificó la información recibida, auditiva cuando conversamos, visual cuando observamos su figura, sus gestos, y kinestésica cuando estrechamos su mano en el saludo, el contacto de la piel, el calor etc., también percibimos micro movimientos, de los mensajes no verbales, que han generado expectativa. Si al despedirnos quedamos para vernos en otra oportunidad.

A partir de ese momento, nuestra imaginación entra en acción, nos hace volar, aumentando la ilusión y creando la fantasía. De la ilusión a la fantasía, solo hay un paso intermedio, donde el papel fundamental lo juega la imaginación. La mejor forma de demostrar cómo nuestra mente se equivoca, es analizar, las ilusiones ópticas. Estas ilusiones, que se producen por un error de percepción de nuestro sistema visual, son las más conocidas, y las más estudiadas.

Distorsión de la realidad

Las distorsiones producidas por las ilusiones ópticas, igual que las distorsiones provocadas por la ilusión auditiva, gustativas, olfativas, y táctiles. Son muy frecuentes sólo que no las detectamos con facilidad. Las distorsiones de la realidad afectan nuestra vida y conducta. ¿Cuántas veces creemos ver a una persona conocida, y al acercarnos nos damos cuenta que no es ella?

Alguna vez habrá creído oír de boca de alguna persona, algún comentario negativo relacionado con usted. Eso le creó malestar, ansiedad, rabia etc. Sin embargo, con el tiempo, se da cuenta que cometió un error. Su ilusión auditiva, su imaginación, sus fantasías, motivaciones, y miedos, le jugaron una mala pasada.

Las ilusiones ópticas o de otro tipo, se producen porque nuestra mente, responde de acuerdo a un pensamiento vertical. Nuestros conocimientos, los adquirimos por repetición y la experiencia es el punto de referencia del razonamiento. Como por naturaleza el hombre es un animal de costumbres, cuando algún acto neurofisiológico se hace automático, es muy difícil que pueda modificarlo de un día para otro.

Para conseguirlo necesita tiempo y esfuerzo. Por eso numerosos investigadores de todo el mundo, han teorizado y experimentado con las ilusiones ópticas, para comprender mejor la conducta del ser humano.

La Percepción

Le daré un consejo: –No crea todo lo que ve, ni todo lo que oye, ni todo lo que siente. Puede ser sólo una ilusión, producto de su imaginación–. En la figura siguiente: Los cilindros son de igual tamaño, sin embargo, parece lo contrario.

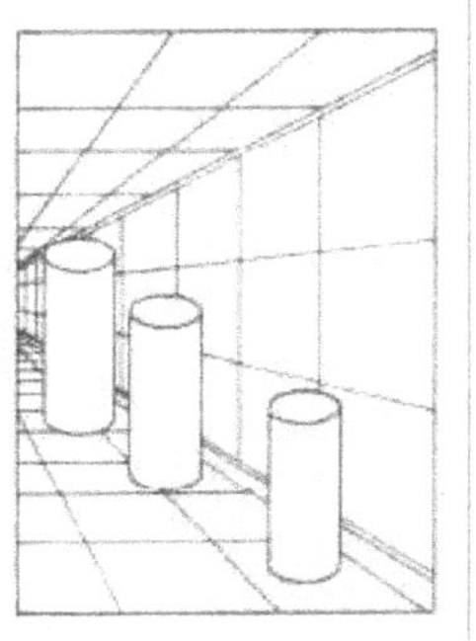

El efecto que producen las líneas del fondo en diagonal, y las de la pared y suelo en perspectiva, hacen que su percepción no sea correcta. Eso se debe a que nuestro procesamiento de datos es lógico, lineal, y vertical, basado en la experiencia que existe en nuestro cerebro. Pero si antes de abrir un juicio midiésemos los cilindros, no cometeríamos ese error, esta experiencia la podemos aplicar en todos los comportamientos habituales de nuestra vida.

Antes de hablar medir Antes de prejuzgar meditar

Líneas rectas paralelas cruzadas por otras líneas rectas. En esta otra prueba conocida como ilusión de Zöllner. Las líneas rectas en diagonal a los lados del cuadrado, son paralelas. Pero, se ven como oblicuas. Las ilusiones ópticas son el resultado de una deficiente decodificación por parte de nuestro cerebro, de los estímulos perceptivos, y no revisten mayor gravedad, excepto si tienen origen psicopatológico. En este caso necesitan tratamiento.

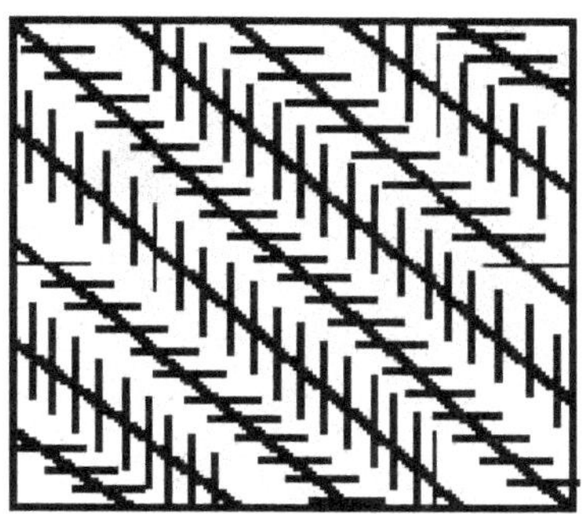

¿El lado A, es menor al lado B?

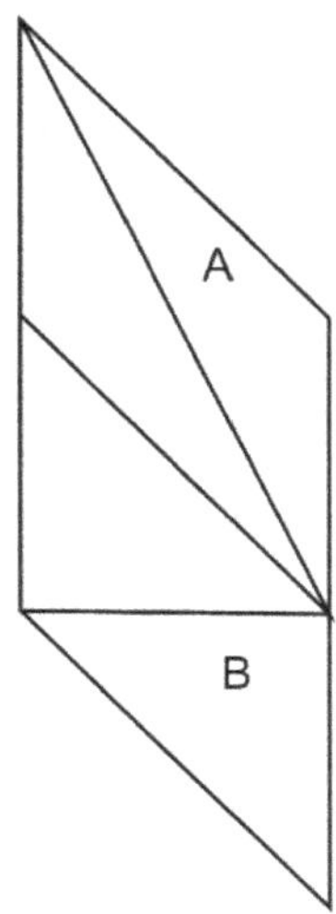

Como comprobamos el lado -a-y el -b- son iguales, la ilusión óptica se produce necesariamente, por tratarse de una figura en dos dimensiones, que se inclina oblicuamente, dando una perspectiva tridimensional. Pero si queremos probar más nuestra percepción. Veamos la siguiente figura, donde un círculo está rodeado de seis círculos mayores. En las dos figuras vemos la misma proporción, pero la pregunta es:

¿Los círculos centrales de cada figura son del mismo tamaño?

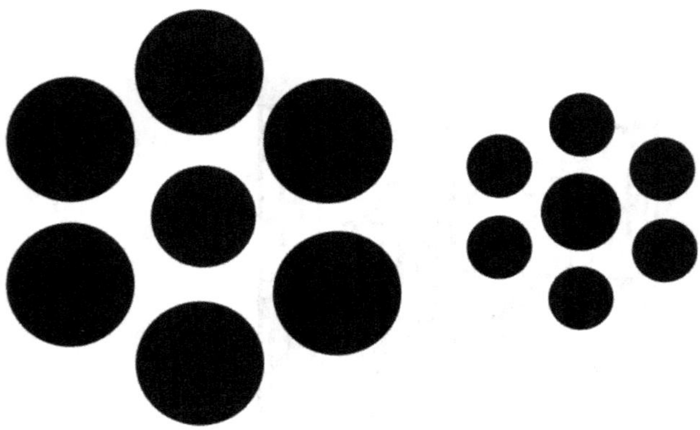

Realmente se ha llevado una sorpresa. Espero que, a partir de estas experiencias, aprenda a ver, oír, tocar, medir, etc. Ese será el comienzo de una buena relación entre su interior y el mundo exterior. A diario, nuestra percepción, nos engaña. Creemos ver algo, y de pronto comprobamos, que estamos equivocados. En los accidentes de circulación, existe un altísimo porcentaje de ellos, que se debe a una mala percepción de la perspectiva, por interferencias en la información que recibe nuestro cerebro. Atender el teléfono móvil, por ejemplo, aumenta el riesgo de un fallo en la percepción, debido a que el ángulo de visión, se reduce a la mitad. Observe que cuando va en coche y atiende el teléfono celular, automáticamente disminuye la velocidad. No importando que esté en la ciudad o en la autopista. La información, que usted estaba recibiendo al conducir, ya era importante. Súmele a eso, oír al interlocutor, pensar en lo que le dice, resolver situaciones, dar órdenes, o recibir la bronca de su mujer... Le aseguro que supera los 7 +/-2 estímulos de la teoría de Miller. (La teoría de Miller la vemos en el Capítulo 8)

Capítulo 7

La Sugestión

Para comprender mejor que es la sugestión, debemos saber que ante todo es: una forma de comunicación en respuesta a un estímulo. Nuestro cuerpo y nuestra mente interactúan neuro-fisiológicamente. Por medio de los sentidos percibimos el mundo que nos rodea, y a través de ellos, comunicamos al cerebro la información recibida, este a su vez, reacciona en respuesta a esa información, de forma consciente o inconsciente. Por ejemplo; recordamos un lugar, por el perfume de una flor, o por el sabor de un queso, por una melodía, etc. Durante las veinticuatro horas del día, estamos recibiendo sugestiones, de las más diversas. Los medios de comunicación, por ejemplo; invaden nuestro subconsciente, con mensajes de publicidad, opiniones, información, parcial e imparcial. En todos estos casos existe el mensaje sugestivo. La educación utiliza una forma de sugestión, por repetición. La sugestión está implícita en la intención de quienes escribieron los libros de texto. Tenemos también probadas muestras, como durante algún período de la vida de un país, el libro de texto tiene el color del gobierno que lo escribe. Los padres son un factor influyente en la sugestión de los hijos cuando pequeños. La frase más común que oímos de niños es: No hagas esto, no hagas lo otro, porque te hará daño etc. una sugestión como esta puede ser negativa para un futuro en la vida del niño, ya que en la adolescencia o en su mayoría de la edad puede acarrear miedos y dolencias imaginarios, consecuencia de padres sobre protectores. Otras sugestiones positivas, seguramente favorecen el desarrollo del niño.

Pero también existe otra manera de sugestión, que es aquella que nos la practicamos a nosotros mismos. Para el estudio clasificamos dos tipos de autosugestión: voluntaria o involuntaria. En este programa de aprendizaje desarrollaremos la teoría y la práctica para dominar la autosugestión voluntaria.

Autosugestión involuntaria

La autosugestión es una sugestión que nace dentro de nuestra mente, motivada por estímulos internos o externos, medios de comunicación, sensaciones orgánicas, imaginarias o reales. Como dijimos antes la sugestión es una forma de comunicación.

En consecuencia, la sugestión, está estrechamente ligada a la forma en que transmitimos la información a nuestro cerebro, en función de lo que percibimos de la realidad del mundo exterior o de nuestro interior. Por ejemplo: si siento una sensación de hormigueo en el brazo izquierdo o un dolor en el pecho, y soy fumador, tal vez mi comunicación interna me diga, que es momento de dejar de fumar, o de ir al médico. Porque asocio el fumar con el síntoma de pre infarto, obviamente la autosugestión comienza en el mismo momento que me hago la pregunta: ¿Qué me está pasando? Las respuestas podrán ser muchas, dependerá de estímulos anteriores, recibidos. Si hace un año un amigo fumador murió de infarto, está de más decir que mi autosugestión irá por ese camino, por asociación inconsciente.

Puede ser real el síntoma, o no, lo cierto es que se amplificará considerablemente. Y tal vez solo se debía una mala posición al dormir. Esto demuestra que la autosugestión está íntimamente relacionada con información anterior y presente, que es lo mismo decir estímulos anteriores y presentes.

La información recibida durante nuestra infancia, la familia, el medio sociocultural y religioso donde nos educamos, los medios de comunicación, la publicidad, afectan nuestro subconsciente provocando un fenómeno de condicionamiento por autosugestión involuntaria, a creer ciertas cosas, modelando nuestra realidad.

La autosugestión involuntaria, puede ser negativa o positiva. Si es negativa será dañina y podrá crear comportamientos no reflexivos ante diversas situaciones. Si es positiva, será benéfica.

Defino como autosugestión involuntaria negativa, cuando el estímulo del subconsciente se produce por intervención del miedo. Veamos estos ejemplos: Si no estudias, perderás tu oportunidad en la vida. La intención del padre es buena, solo que el hijo puede traducir a su mente un mensaje diferente. De acuerdo con el tono de la voz que utilizó su padre, los gestos, el momento, la circunstancia, etc.

Esta puede ser una de esas predicciones que se cumplen, porque puede generar tensión, miedo en el subconsciente del hijo, y este en lugar de mejorar, empeora en los estudios. Y si por fin, deja de estudiar, su vida será un total fracaso, porque su padre le predijo que no sería nada en la vida. ¡Oferta válida hasta el 30 de agosto! El mensaje es inofensivo, para la salud psicológica de la persona, pero tal vez muy negativo para su economía. El potencial cliente, reacciona ante la posible pérdida de la oportunidad, miedo a perder, que indica el plazo límite de la oferta. Pero no toma en cuenta que a esas alturas del mes no dispone de metálico, sin embargo, compra la oferta con tarjeta de crédito. ¿Era imprescindible ese artículo en su hogar? En el 80 % de los casos no lo era. El jabón –Limpito– lava más blanco que el jabón X y cuida su ropa protegiendo los colores. Todos conocemos esta burda publicidad, con una señora de clase media baja, que muestra camisas y bragas, hablando de forma corriente. ¿Cuál es la intención de esa publicidad? Provocar, la autosugestión por efecto del miedo. Compro jabón –Limpito–, porque el jabón X, no dejará blanca mi ropa, además, no cuida ni protege los colores. El potencial cliente no conoce el jabón X, pero ya se sembró la duda. Así la sospecha genera desconfianza, por autosugestión. ¡Los gitanos roban niños! Cuantas veces los padres dicen eso a los niños. Resultado: por autosugestión, el niño cada vez que ve un gitano siente miedo, y ese miedo persiste cuando es adulto. La autosugestión involuntaria negativa: Puede afectar profundamente al subconsciente. Y con el tiempo genera pensamientos parásitos, acciones fuera del control consciente. El mejor ejemplo lo son las fobias. A través de una autosugestión involuntaria negativa en estado de vigilia, el miedo se implanta en el subconsciente, y aflora ante el menor estímulo. En terapia el terapeuta, puede utilizar una sugestión involuntaria negativa, con la intención de modificar la conducta, para revertir un mal hábito o un acto compulsivo. Por ejemplo: Cuando te comas las uñas sentirás una sensación de asco y náuseas que no podrás soportar. En este caso el terapeuta utiliza una sugestión negativa, que genera una autosugestión involuntaria negativa en el paciente para modificar un acto no deseado. No obstante, si una persona decide por medio de auto hipnosis, controlar ese hábito utilizando la misma sugestión anterior. Sería una autosugestión voluntaria negativa. Por qué lo hace intencionadamente.

Autosugestión voluntaria

La autosugestión voluntaria, es aquella que nos practicamos intencionadamente. Muchas veces nos repetimos mentalmente alguna frase para sentirnos más seguros ante una situación determinada, o nos damos ánimos cuando estamos jugando algún deporte, o para mejorar nuestra autoestima. La autosugestión voluntaria, es la fuerza generadora de la fe. Todas las oraciones y rezos religiosos, apelan al verbo creer. Creo en.... tú serás mi salvación... tengo fe en ti.... Ayúdame a conseguir.... Si yo me digo o pienso algo, repetitivamente durante un tiempo, terminaré creyéndolo y haciéndolo realidad, por esa fuerza increíble llamada sugestión. Cuando practiquemos las sugestiones voluntarias siempre deben ser, en sentido positivo, una autosugestión voluntaria negativa, no nos dará el resultado deseado, como consecuencia que no procesamos la negación como tal. Si nos autosugestionamos para dejar de fumar, y nos decimos, no fumaré, no debo fumar porque es malo para mi salud, etc. Estaremos perdiendo el tiempo, ya que la mente ordenará fumar y cuando más se proponga no fumar más fumará. E aquí una diferencia, entre las sugestiones que puede dar un terapeuta. Un hipnólogo, puede dar sugestiones negativas, que, en la mayoría de los casos, sí conseguirá el resultado deseado.

Nuestra mente no procesa el –No–

La mente no procesa la negación, o sea, la palabra –no–. Nuestra mente para responder a una frase que implique, una sugerencia u orden negativa, primeramente, tiene que representar mentalmente el –sí– o en su caso la existencia de eso que negamos. Esto parece una contradicción, pero no lo es. Y mientras continúa leyendo las siguientes líneas. No tiene que pensar, en la saliva de su boca. Recuerde, que no debe pensar en la saliva de su boca, mientras continua concentrándose, en este tema tan interesante y sabroso tema, que le hará comprender, los mecanismos de su mente y tal vez descubra, –que no pensar en la saliva de su boca, significa pensar en ella–. Ahora, deténgase un instante y reflexione sobre esto que leyó. Tal vez haya tenido la necesidad de tragar saliva. ¿Por qué ha tragado saliva, si le pedí que no pensara en la saliva de su boca? Simplemente, porque para que su mente procese el –no-tendrá primero que representar el –sí–. Pruebe ahora este otro ejemplo: Y ahora, –no– piense en un caballo verde con crines azules. Concéntrese en no pensar en un caballo verde con crines azules. Tendrá un instante de confusión, porque su mente para poder no pensar en un caballo verde con crines azules, tiene primero que imaginarse un caballo normal y después como sería ese caballo verde con crines azules. Este ejemplo es un poco exagerado, pero el siguiente no tanto. Le pido ahora, que no piense en el sueño, aunque el bostezar es una reacción inconsciente asociada al sueño, no piense en el verbo bostezar. Tal vez, haya bostezado ya. Si no, no se preocupe... es cuestión de tiempo. ¡Aaaaaahhhhhhuuuoooo...! Como hemos visto, para la mente el –no–, no existe. Por eso cuando más intentamos controlar nuestros actos diciéndonos, –no lo debo hacer– o –no debo comer más–, o –no tengo que fumar–, etc. Nuestra mente reacciona fortaleciendo ese acto no deseado. Al darnos órdenes mentales negativas, lo que hacemos es activar la reacción contraria.

Capítulo 8

La Hipnosis

Podríamos dar veinte o más definiciones de hipnosis, pues cada autor tiene una definición diferente. Se define por ejemplo como un estado alterado de conciencia. Otra definición dice; que se trata de un estado especial de concentración focalizada, que permite la disociación de las mentes consciente e inconsciente. O un estado de relajación profunda, donde se libera el subconsciente. Así nos pasaríamos horas tratando de comprender que es la hipnosis.

Casi todas las definiciones están acertadas, sin embargo, a mi entender la primera más clara y sintética fue la del Dr. Hipolyte Bernheim. –La hipnosis, es una heterosugestión exagerada–.

Y posteriormente la definición de Emile Coué: –La hipnosis no es provocada por la heterosugestión, sino por la autosugestión–. Modificando el estado mental del paciente. Simplificando, diremos que la hipnosis es autosugestión. Por lo tanto, partimos de esa base, diciendo que la hipnosis no es sueño. Si no un estado análogo al sueño donde la mente está más activa y sensible. Estas dos definiciones son acertadas

Hipnosis = Sugestión exagerada (Bernheim)

Hipnosis = Auto Hipnosis (Coué)

Diferentes conceptos y teorías

La diferencia en los conceptos y teorías, que se conocieron a través de años de investigaciones empíricas y científicas, determinaron las características de cada escuela. A pesar de existir diferencia, entre todas, –la hipnosis es una sola–. El hecho de practicar una u otra escuela, si el resultado final es el trance hipnótico, cualquier escuela es aceptable.

Magnetismo, se le atribuye a Franz Antón Mesmer.

Hipnotismo sensorial, a la escuela inglesa de James Braid. Y también en Francia en la Salpêtrière, escuela de Charcot.

Sugestión o hipnosis psicológica, se le adjudica a la escuela de Bernheim y Liébault, en Nancy.

Telepsiquia. A la escuela de Richet y Jagot

Ericksoniana, a la escuela de Milton Erickson.

Hipnosis Heurística, es una nueva forma de hipnosis, desarrollada por mí y que se basa en un modelo heurístico, y está inspirada en un estudio realizado en la Universidad de Stanford USA. Es un método aún más abierto y permisivo que el de Erickson donde asocio técnicas neuro-fisiológicas de efecto rápido. La estoy utilizando y enseñando a mis alumnos y discípulos desde 2008. **www.hipnosisheuristica.com**

Magnetismo. Cree en una fuerza física, que se desarrolla en el organismo. En su teoría se admite, que del cuerpo humano emanan unas radiaciones electromagnéticas, también llamadas, radiactividad orgánica Estas energías electromagnéticas se pueden comprobar en la foto del espectro de Kirliam.

Hipnotismo sensorial. La hipnosis, es provocada por la fijación de la mirada en un objeto brillante, o bien la monótona repetición de sonidos que inducen al sueño. Este sistema se llama sensorial, porque la inhibición cortical se produce por excitación de los sentidos.

Sugestión o hipnotismo psicológico. La palabra y los gestos del hipnólogo, inducen al sujeto a un estado hipnótico. Se utilizan técnicas de sugestión ideo motrices, (idea que se transforma en acción), para potenciar o exagerar el efecto de sugestión.

Telepsiquia. El profesor Richet teorizó sobre el poder de la mente y la influencia que ésta ejerce a distancia sobre la voluntad ajena. Según Richet, Paul Jagot y otros estudios empíricos, la Telepsiquia, explicaría muchos efectos mágicos del ocultismo y la parapsicología. No comparto sus teorías, ya que he comprobado que la influencia a distancia no existe en la hipnosis. Y lo que se cree como acción a distancia del hipnotizador, es simplemente autosugestión, siempre que el influenciado tenga por cualquier medio, información necesaria que genere un estímulo en él.

Como puede ser una carta, una nota, o alguien que le haga referencia al hecho. Si usted cree en brujería, tal vez se sienta embrujado, si no cree, jamás será embrujado. Solo en las religiones judeocristianas se conocen casos de posesión del demonio.

Hipnosis Ericksoniana. Es la herencia que dejó a su muerte en 1980 Milton Erickson, gracias a los estudios realizados por la Escuela de Palo Alto (California USA.) Denominada hipnosis moderna, aunque el término no sea muy ingenioso.

La escuela Ericksoniana, utiliza la sugestión de forma sutil. Preconiza la hipnosis permisiva, subliminal, persuasiva indirecta, metafórica. Hoy en día, su hija Bety Alice Erickson, Jeffrey K. Zeig, Ernest Rossi, y otros discípulos, continúan su trabajo en la Fundación Milton Erickson (Fhoenix Arizona USA) Todas las escuelas defienden sus postulados y verdades, porque todas consiguen el resultado final del trance hipnótico. Es un hecho irrefutable, que en todos los casos está presente la sugestión, y más específicamente la autosugestión:

Cuando una persona va a un magnetizador, o a un sanador, lleva consigo, la expectativa, el ansia, la necesidad de curación, la creencia, la fe en el sanador, ese es el primer paso de la sanación. La fe, la creencia, la expectativa, la necesidad, hace que: cuando el sanador está enfrente, esa persona que sufre de una dolencia por lo general psicosomática, entra en estado mesmérico, o estado de trance hipnótico. Por efecto de la autosugestión. La curación se produce por la –ley del estado hipnótico– En la técnica sensorial, por fijación visual o auditiva etc. La persona sabe que quién le está sugiriendo hacer esos ejercicios es un profesional hipnólogo, las palabras del hipnólogo dándole las indicaciones; –Mire fijamente al punto en el techo, sin parpadear.... sentirá sus párpados pesados... No está haciendo otra cosa que sugestión. En lo referente a la escuela de Richet la acción Telepsiquia, las he presenciado en ceremonias de chamanismo, vudú, macumba, santería, en América y la sugestión y la autosugestión está siempre presente. Para que un conjuro de brujería o magia tenga efecto, siempre el destinatario debe enterarse o sospechar que alguien le ha hecho un daño. Es frecuente que alguien allegado, o con interés le insinúe que tal vez le han hecho un daño.

Es común en pueblos indígenas y en tribus africanas, que un chamán o el brujo maldigan a algún integrante de la colectividad, condenándole a la muerte. A partir de ese momento, la superstición, el miedo al poder del brujo, o chamán hace que su propia familia le haga a un lado, poco a poco se siente solo, abandonado por su núcleo social. Los niños y mujeres le apedrean, nadie le ayuda, ni le defiende, se ve obligado a alejarse del poblado. Y al cabo de pocas semanas, muere de inanición, o comido por una fiera.

El maleficio del brujo se cumple fortaleciendo su poder sobre la sociedad. En este caso el efecto de la sugestión colectiva de su familia, de su pueblo, provoca la autosugestión. La creencia representa un papel fundamental. Si yo no creo en brujería o magia, no me alcanzarán. Las religiones judeo-cristianas creen en el demonio, por eso sus fieles son los únicos que pueden ser poseídos por el demonio. Los espiritistas creen en los espíritus de los muertos por eso pueden ser posesos por un espíritu del más allá. Los hindúes creen en el sistema de castas y la reencarnación, etc. Si yo creo y alguien fortalece esa creencia, desencadena en mí la autosugestión.

Ley del Estado Hipnótico

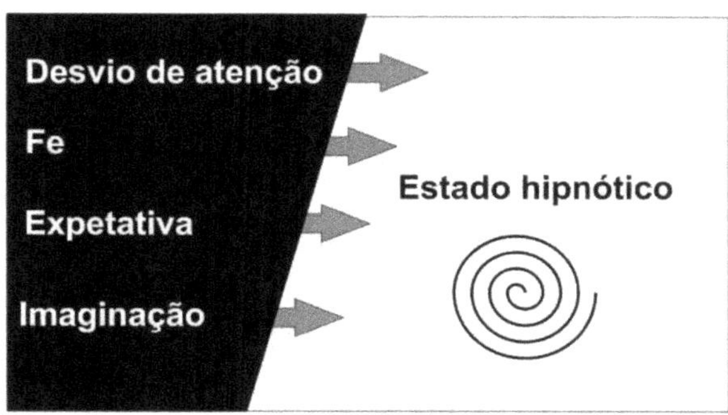

La magia de la hipnosis, se produce por la siguiente ley, que consta de cuatro artículos:

Desvío de la atención: Desvíe la atención del sujeto, hacia un objeto, un sonido, su respiración, a seguir instrucciones de relajación. No permita que la atención del paciente se centre en la hipnosis. Evite mencionar la palabra hipnosis...

Fe: El sujeto debe tener fe en que el hipnólogo, que le va a hipnotizar. Cuando más prestigio, respeto tenga el hipnólogo más posibilidades de caer en hipnosis tendrá. Expectación: Si por el desvío de la atención, por los movimientos, gestos, y palabras el hipnólogo ha conseguido la fe del sujeto. Se procede a generar la expectación. Siempre hay que dar el tiempo necesario para que la sugestión haga efecto, por eso se utilizan transiciones reforzantes como, por ejemplo: —Y ahora cuando toque su frente sentirá una sensación relajante y mi dedo en contacto con su frente hará que se duerma profundamente—. Antes de tocar la frente de la persona, deje tiempo para generar expectación, así sugestión tras sugestión, provocará la hipnosis.

Imaginación: Consolida los tres artículos primeros de la ley. La imaginación del sujeto crea una predisposición a que algo ocurra. Imaginar es crear una imagen o transformar una idea en imagen mental, que permite ver algo, que no ha ocurrido, como si estuviese ocurriendo. Por ejemplo: Cierre los ojos e imagine; que corta un limón, y lo pasa por sus labios y la punta de la lengua...-Notará que sus glándulas salivares han secretado saliva. Esto comprueba que la imaginación genera una acción. Una imagen vale mil palabras

Es curioso ver a un grupo de asistentes a un curso o conferencia, su expectación, su imaginación está en flor de piel, basta con que mire fijamente a algún participante, para que los dos que están sentados a su lado comiencen a entrar en estado hipnoide, por autosugestión; solo falta soplarles para que duerman.

Durante el transcurso de la exposición, veo muchos asistentes en estado de trance hipnótico, auto inducido por su imaginación, con solo oír mis explicaciones de los síntomas del trance.

Si enfrentamos los poderes, de la imaginación y la voluntad. Siempre ganará la imaginación

Cuando insisto en decir: que la hipnosis no es sueño, es debido a las constantes preguntas, que me realizan pacientes, profesionales, y alumnos que asisten a mis cursos y conferencias. Eso se debe a la vieja creencia fomentada por los hipnotizadores de espectáculos teatrales, que siempre mantenían en un halo de misterio el fenómeno hipnótico. El cine también colaboró en aumentar esas creencias. Las diferentes religiones, también se referían a la hipnosis, como algo malo, cercano a la brujería. Pero lo que no decían es que todas las religiones y sectas, utilizan técnicas hipnóticas. Como, por ejemplo: los musulmanes de pequeños aprenden el Corán repitiendo y cantando en voz alta los versos, es una repetición monótona, que se graba en el subconsciente de por vida. Los judíos y católicos aprenden a orar de la misma forma. Se utilizan aromas, tal como el incienso, la mirra, que crean un ancla en el ámbito de la mente profunda. Ya que los olores perduran de por vida en el inconsciente. Las religiones hindúes, el budismo, el sintoísmo, y tantas otras utilizan las mismas técnicas de hipnosis, de las cuales hablamos aquí. Si la mayoría de los humanos profesan una religión, no tienen por qué temer a la hipnosis.

Siempre les digo a mis alumnos: –que la hipnosis es igual de peligrosa, como asistir a una ceremonia religiosa, ver dos horas de televisión al día o escuchar el discurso de un político–

El Rapport

A veces resulta difícil entender, el significado del rapport. La palabra francesa rapport, define la relación que genera un hipnólogo en el sujeto.

Cuando la relación hipnólogo-paciente, es óptima el trance hipnótico es el resultado. Cuando mejor sea el rapport, la comunicación, la influencia sugestiva que produzca el hipnólogo, tendrá mayores posibilidades de éxito.

El rapport que logran, ciertas personas es natural, en otros casos es necesario desarrollarlo. Todos conocemos alguna persona, que nos atrae por su conversación, sus reflexiones, sus gestos, su inteligencia, sin importar el aspecto físico. Nos sentimos identificados, y algunas veces hemos hecho lo que nos ha sugerido, o aceptamos su consejo. Sin saber realmente por qué. ¿Qué es eso? Eso se denomina, empatía.

La empatía es una forma de entrar dentro de la sensibilidad de una persona, hacer que la persona se sienta a gusto con el interlocutor, es una manera de seducción innata o aprendida.

En los cursos de motivación, en el ámbito de: vendedores o dirigentes de marketing, lo primero que les enseño es a utilizar y desarrollar la empatía.

Resumiendo: −empatía es rapport−. En otros ámbitos puede entenderse como, liderazgo, atracción carismática etc. Se denomina rapport, a la fuerza interior del hipnólogo, que comunica con la otra persona, creando un vínculo, que genera credibilidad.

Estadios de la hipnosis

La Hipnosis, es un proceso neurofisiológico mediante el cual se inhibe la corteza cerebral, evitando la censura consciente, creando el cuadro sugestivo o de credulidad en el sujeto. Este cuadro llamado sugestivo o de credulidad se llama estado hipnoide o hipnoide. Si continuamos estimulando la corteza cerebral mediante sugestiones, obtendremos los diferentes estadios de profundidad hipnótica.

Los estadios de profundidad hipnótica los definió J. M. Charcot, en el informe que presentó a la Academia de Medicina de París en 1882

Señaló claramente y por primera vez los diferentes estados o estadios de la hipnosis. Charcot, describió los tres estadios como:

LETÁRGICO

CATALÉPTICO

SONAMBÚLICO

En la actualidad la terminología más corriente, para entender los estadios de la hipnosis, se refiere a:

1º Nivel o superficial o letárgico o hipnoidal
2º Nivel o medio o cataléptico
3ª Nivel o profundo o sonambúlico

Con frecuencia, vemos en un show de televisión, a un grupo de personas que hacen todo lo que les dice el hipnotizador. Hasta las cosas más ridículas. En los cursos, me preguntan si es posible o no hacer eso con una persona. Le respondo: que sí es posible, pero debemos considerar lo siguiente: Existe un tipo de personas extremadamente sensibles, a la hipnosis, que se denominan técnicamente sonambúlico. Sonámbulo es aquel que camina dormido, de allí esa denominación. Ya que estas personas entran con facilidad en un estado muy profundo, y aceptan casi todo tipo de sugestiones. También existen personas que simulan estar hipnotizadas, no sabemos realmente por qué. Y a mi entender, se debe al afán o necesidad de protagonismo, personalidades histriónicas.

Las personas con psicopatología histérica o neurótica, que a veces reaccionan igual que un sonambúlico y otras veces no. Por eso, siempre considere que. –No todo los sonambúlico son histérico o neuróticos ni todos los histéricos o neuróticos son sonambúlico–.

Existe la creencia de que las mujeres son más sugestionables que los hombres, y que solamente a los neuróticos o débiles mentales se les puede hipnotizar; todo esto es falso.

El fenómeno hipnótico no conoce diferencias de sexo, de raza o clases sociales, la hipnosis viene dentro del mismo envase de nuestra psicología. La mente.

Personas difíciles de hipnotizar

Lógicamente todas las personas no son iguales, y hay seres más susceptibles, y otros menos susceptibles. Así también hay personas más difíciles de hipnotizar, y otras casi imposibles.

Los más difíciles suelen ser personas hiper-kinéticas, hipertensas, sumamente estresadas. Necesitará paciencia y perseverancia. Los niños de menos de 6 años, también presentan dificultades por la dispersión en su concentración, en estos casos existen técnicas especiales que veremos más adelante. Aunque la palabra –imposible– no es de mi agrado, diría que es –casi imposible– hipnotizar a personas drogadas o alcoholizadas, y todo tipo de oligofrénicos.

Lugar de trabajo y presencia del hipnólogo

No podemos practicar la hipnosis, en cualquier sitio. Es recomendable que la consulta, esté en un lugar tranquilo, sosegado, sin ruidos, con luz tenue e indirecta, con una temperatura de 20 a 23 º C, y aireada, sin perfumes ni olores. Un ambiente que de seguridad y seriedad. El hipnoterapeuta, se debe presentar vestido con bata o ropa formal, sin extravagancias,

Que no le confundan con un charlatán. Jamás use una túnica o camisas con colores chillones, con palmeras y flores, déjelo para los curanderos. etc.

Una vez llegó a mi consulta una paciente recomendada que quería dejar de fumar, y me dijo:

Usted es mi última oportunidad... He hecho de todo y no consigo dejar de fumar.

Yo le pregunté – ¿Usted cree en los milagros?

–Sí, me respondió–

Entonces le dije:

–Bueno entonces, vuelva en Semana Santa.

– ¿En Semana Santa? ¿Por qué?

–A lo que respondí

–Porque yo solo hago milagros en Semana Santa. La mujer se echó a reír... sin decir nada.

Cuando dejó de reír.

Yo continué –Si usted quiere dejar de fumar, no espere milagros, hace 2000 años se hacían en Galilea, pero no para dejar de fumar. Por lo visto nunca funcionaron.

Esa fue una forma de desarticular su creencia mágica de la hipnosis y hacerle reflexionar sobre su colaboración. La paciente dejó de fumar.

En otra oportunidad, vino a la consulta un sacerdote, muy fumador. Le pregunté, con una segunda intención: – ¿Por qué usted, viene a mí?...

Y muy hábilmente, me respondió

–Jesús también tenía debilidades...

–Tenía razón–

Coloque en su consulta un cartel con letras bien claras, con algún detalle artístico, en un buen marco, que diga:

–Hoy no hago milagros, vuelva en Semana Santa–

Comprobará que buenos resultados obtiene.

Muerte por hipnosis

Este es el más común y falso argumento. Se ha especulado mucho sobre el tema, y muchas veces los mismos profesionales de la medicina, que no conocen las técnicas de hipnosis, se han hecho eco de esas supuestas muertes por hipnosis. El Congreso Brasileño de Hipnosis Ericksoniana y Clásica, del año 1997, en Sierra Negra S. Paulo Brasil. Una doctora cuyo nombre me lo reservo por ética, exponía sobre regresiones, y se refirió a los peligros de la hipnosis, haciendo referencia que en una regresión una persona podría sufrir un infarto. Ante semejante barbaridad, yo le pedí; que por favor me dijera cuantos casos conocía en el mundo, y si me podía facilitar la información, ya que, en mis años de experiencia, no he conocido ninguno. No hubo una respuesta coherente con lo expuesto, ya que no poseía información. Este incidente demuestra cómo algunos profesionales aún siguen mal informados.

Los riesgos de morir en estado de hipnosis, son los mismos, que tendría cualquier persona de morir de un infarto, en la peluquería del barrio, en la iglesia, en el autobús, en la cama, o comiendo una salchicha. La hipnosis está contraindicada, en psicóticos, epilépticos graves y en personas afectadas por la enfermedad de *Stoken Adams.*

Existe otro tipo de hipnosis que puede ser peligrosa, en manos de legos. Y es la hipnosis que yo llamo –narcótica–, se utiliza en psiquiatría, y sólo la puede aplicar un médico. Porque se utilizan diversos fármacos o sustancias químicas, que no mencionaré, porque este libro no trata sobre ese tipo de hipnosis.

El peligro de la hipnosis narcótica, es latente como en cualquier cirugía con anestesia total.

Por lo tanto, si alguna vez le sugieren utilizar esa técnica, no se la recomiendo.

¿Quién no oyó hablar del suero de la verdad? Que utilizaban los servicios de inteligencia de las grandes potencias. ¿De los lavados de cerebro?

Para su tranquilidad con la *hipnosis natural*, practicada por un profesional hipnólogo o por medio de autohipnosis, nada de eso es posible. Aunque, siempre se encontrará con alguien que desconoce, absolutamente todo sobre hipnosis. Que opine lo contrario.

Estados alterados de conciencia

En el capítulo de la percepción, hice referencia al proceso de la comunicación, y a los filtros sensoriales. Si fuésemos expuestos cierto tiempo, a estímulos acústicos de altos decibelios, ondas electromagnéticas, o estímulos lumínicos de intensidad, a la que no estamos acostumbrados a recibir habitualmente. Con seguridad, se produciría una alteración a nivel neurofisiológico. Se alteraría nuestro proceso electroquímico cerebral, podríamos desvanecernos, o producir un estado alterado de consciencia, con algún tipo de alucinación.

A mis alumnos les hago hacer una experiencia, para que comprueben, como funciona una alucinación simple. Con solo modificar la información, que recibe nuestro cerebro.

Prueba de alucinación simple

Con una linterna de las pequeñas, de luz potente, colóquela a una distancia de cinco centímetros, de alguno de sus ojos, y manténgala así, durante uno a dos minutos, mirando la luz fijamente. Luego apáguela.

Cierre los ojos, y perciba su alucinación. Usted no está viendo, nada porque tiene los ojos cerrados. Sin embargo: Ve un punto de color, que puede variar según la persona, del rojo, al amarillo, al azul, y volviéndose más brillante por momentos. Ese punto de color, se mantendrá por algunos minutos, en la información de su memoria a corto plazo, hasta que la excitación de la retina, desaparezca. Esta forma simple de alucinación. Provocaría, un estado alterado de conciencia, si se continuara el estímulo. Aun cerrando los ojos

Alucinaciones químicas

En la década de los sesenta, la marihuana, el LSD, y otras drogas. Provocaban, estados de alucinación en los jóvenes de la época. De allí que se acuñaran expresiones como: –estoy alucinado–, –me alucinó–, etc. Y hoy las utilizan para referirse a: –estoy sorprendido– o –me gustó mucho–

Toda la información codificada que tenemos en el cerebro. Y que nos dice: este es el color rojo, o esto huele a cacao. Se activa al recibir un estímulo externo o interno. Puedo imaginar una taza de chocolate, recordar su olor, el sabor, y mientras imagino, un movimiento de deglución y salivación inconsciente, se produce en mi boca.

La otra opción, es oler una taza de chocolate que tengo ante mí. En los dos casos se produce la misma reacción. Porque en nuestra memoria, tenemos registrada la información relativa, a chocolate en asociación. Olor y sabor Si por el contrario imagino, el sofá de la sala, la información almacenada, asociaría, el color y el tacto del tapizado, la madera, y tal vez algún sentimiento. No habría, movimientos de deglución ni salivación. Siempre mi cerebro, decodifica esa información, y en tanto no sea interferida, la respuesta será normal.

Con el ejemplo de la linterna, lo que he procurado es interferir o entorpecer, de alguna forma la información, que tenemos registrada en nuestra memoria. Ya que no es normal, ni habitual, que estemos todos los días mirando de esa forma una linterna. También, la interferencia se puede producir, como consecuencia de una enfermedad, y generar alucinaciones. Ejemplo, el delirium tremens del alcohólico, un estado febril, o el uso de drogas. El uso de LSD, al igual que otras drogas, produce interferencia en el proceso de información, por efecto químico externo, que estimula la producción de neurotransmisores, tales como, la dopamina, la endorfina, la norepinefrina, adrenalina, etc. Creando un estado alterado de conciencia, con alucinaciones muy fuertes.

En hipnosis, un estado de alucinación, funciona con el mismo principio de interferencia o entorpecimiento, de la información sensorial. Pero con la diferencia, que la alteración electroquímica del cerebro, la produce el mismo organismo...

Por eso, es posible mediante hipnosis, activar o reprogramar la actividad química celular. Podemos, controlar la tensión arterial, reducir el azúcar en la sangre, provocar sudor, calor, frío, provocar ulceraciones, etc. Como en los casos de personas, que producen estigmas en su cuerpo. Y que solemos ver, en la prensa o en televisión, mostrando sus manos, o sus pies. Con una llaga que sangra, exactamente, donde habrían estado clavados los clavos, que sostenían a Cristo en la cruz.

Es curioso, pero he observado en muchos de estos casos donde la llaga de la lanza, también existía. Que unas veces estaba el estigma, del lado izquierdo, y otras del lado derecho del tórax.

Según la Biblia, a Jesucristo un centurión le atravesó con su lanza por el lado derecho del tórax. ¿Por qué esa contradicción? Porque el estigmatizado, refleja en su estigma, a la imagen que tiene en su casa o en su iglesia. Y ocurre que muchos crucifijos antiguos, muestran a cristo lanceado por el lado izquierdo.

Esto me demuestra, que de milagro nada de nada. Solo existe una interferencia por auto sugestión, que provoca una alteración electroquímica. Responsable de la aparición del estigma y sangrado.

En prácticas de hipnosis experimental, muestro a los alumnos, como por sugestión se puede, hacer aparecer urticaria, enrojecimiento de la piel, sensibilizar o desensibilizar zona del cuerpo determinada, etc. Esto viene a demostrar fehacientemente, que, por medio de la hipnosis, se pueden alterar las funciones celulares

La mejor manera de hacer una reprogramación de la función celular, es utilizando una alucinación. Mediante las sugestiones adecuadas, en cada caso.

Sueño fisiológico e hipnosis

La diferencia existente entre ambos es notable, en el sueño fisiológico, la persona no es consciente de lo que sucede, sólo puede percibir, los sueños oníricos, y recordarlos en algunos casos. La circulación cerebral disminuye, así es menor la oxigenación de las células cerebrales, por eso antes de dormir bostezamos, es el síntoma premonitorio del sueño. Es consecuencia de la necesidad de llevar más oxígeno al cerebro. Es un acto involuntario, subliminal. Seguramente mientras leía este párrafo, se ha visto en la necesidad de bostezar. ¡

Por otra parte, el ritmo respiratorio baja notablemente, y el corazón también baja sus pulsaciones, no se encuentran reflejos rotulianos, y los globos oculares están echados hacia arriba y atrás. En la hipnosis la circulación cerebral no se altera y la mente está más alerta, sólo que no reacciona de la misma forma, que si estuviese en estado de vigilia. Los latidos del corazón son a veces más acelerados o normales, la respiración, puede ser normal o abdominal profunda, manteniendo el ritmo. Están presentes los reflejos rotulianos, la sensación de bienestar hace que la persona no desee dejar ese estado, por que entra en un estado que yo llamo, –abulia mental–, es la reacción normal a algo placentero. Lo comparo con la pereza matinal, tan agradable y reconfortante.

Donde y como se produce la hipnosis

Hace muy poco tiempo, precisamente, en 1997 investigadores de la Escuela Médica de Harvar (EE. UU), con el neurólogo, Clifford Saper, a la cabeza de la investigación.

Descubrió mientras estudiaba un grupo de células que enviaban estímulos eléctricos a la corteza cerebral, durante el estado de vigilia, que interrumpían el estímulo durante el sueño. Estos científicos han detectado su centro de control: se trata de un haz de células nerviosas en el hipotálamo, que se encuentra justo detrás de los ojos. Este centro funcionaría como un regulador de voltaje, disminuyendo los estímulos hasta llegar al sueño profundo, y aumentándolos hasta la vigilia. Tomando en cuenta este nuevo descubrimiento, me atrevo a teorizar diciendo que; –el estado hipnótico, se produciría sobre el mismo centro regulador del sueño en el hipotálamo, sin llegar al sueño fisiológico–. Es sabido que el fenómeno hipnótico, se produce por la inhibición paulatina de los estímulos externos, en la corteza cerebral.

También conocemos que en la etapa previa al sueño fisiológico entramos en un estado de ensueños, con imágenes danzando en nuestra mente, cuando se produce la fase del movimiento ocular rápido, conocida como (REM.)

En el estado hipnoide, o sea, antes de la hipnosis media o profunda, percibimos una fase parecida. Y que luego se estabiliza, en función a las sugestiones dadas, sin entrar en el sueño fisiológico. Es natural que una persona, cansada físicamente, o después de comer, cuando está realizando su digestión, si es hipnotizada o auto hipnotizada, del estado hipnótico pase al sueño fisiológico espontáneamente. En ese caso cualquier sugestión, o autosugestión, no surte ningún efecto.

Inhibición de los estímulos externos

Como vimos anteriormente, la hipnosis se produce por inhibición de la corteza cerebral, a los estímulos externos.

Teoría de Miller.

El neurofisiólogo George Miller, en la década de los sesenta, encontró una respuesta interesante al respecto. Descubrió que los seres humanos, tenemos una capacidad limitada, para recibir información. Solo podemos percibir por medio de nuestros sentidos una cantidad de 7 +/-2 estímulos. Superada esa cantidad, se produce una inhibición de la corteza cerebral. Esa prueba de laboratorio corroboró, la teoría de Pavlov, que había descubierto el efecto de la excitación continuada de la corteza cerebral, mediante estímulos repetidos. La comprobación de Miller, explicaría en sí misma, como se consigue un estado hipnótico. El fenómeno hipnótico lo podemos provocar, simplemente superando esa barrera de estímulos, que puede soportar la mente consciente.

Alguna vez le habrá ocurrido, que llega a la consulta del médico y tiene que esperar unos minutos. En tanto espera, entra en un estado de somnolencia. ¿Qué ha sucedido? Los estímulos del ambiente le han provocado un estado de trance. Oye la voz de la secretaria en la otra sala, hablando por teléfono, las voces de los otros pacientes conversando, preocupación por la enfermedad, la música de fondo, el ruido del aire acondicionado, un pensamiento que ocupó su mente, las sensaciones de su cuerpo en el sillón de la sala de espera, percibe su respiración. Todos estos estímulos, entran en su cerebro, repetida y monótonamente. Provocando hipnosis. Para que comprenda mejor esta teoría. Haga un ejercicio, de la siguiente forma:

Ponga un fondo musical suave. Coloque un reloj a una distancia que pueda percibir el tic tac. Siéntese en una silla, junte sus manos entrelazando los dedos, y con las palmas hacia arriba, póngalas sobre la cabeza. Cierre los ojos. Respire profunda y suavemente. Imagine un paisaje. Perciba las sensaciones de pesadez de su cuerpo en la silla Repita mentalmente, me siento en calma, y me relajo más y más....

Estos ocho pasos, equivalen a ocho estímulos, sígalos simultáneamente y procure hacer todo a la vez, durante unos diez minutos. Para que la experiencia de resultado. Si lo hace correctamente, al cabo de los diez minutos, usted se dará cuenta que empieza a entrar en un estado diferente, y le invade un deseo de abandonarse al relax e inclusive al sueño.

El hipnólogo, potencia este estado por medio de las sugestiones. Dándolas según la técnica, de forma repetida, sin dejar pensar al sujeto. Como podrá comprobar, le he puesto 8 estímulos, o sea, que estamos superando los 7, muchas personas entran en estado hipnótico con solo 4 o 5 estímulos. ¿Por qué? Porque su autosugestión se ocupa de los demás. A veces sienten mareo o vértigo, sudor, etc.

De los fenómenos hipnóticos naturales y espontáneos, que experimentamos con frecuencia, sirven como ejemplo los siguientes: Usted va en el coche por una carretera, de pronto se da cuenta que ha recorrido más kilómetros de los que calculaba, mira la hora, y ve que el tiempo pasó, deprisa.

Esto se debe a que se concentró en algún pensamiento determinado, los ruidos, las imágenes, las sensaciones del volante, de su cuerpo, etc. Sus actos automáticos, como los de conducir, frenar, cambiar las marchas, funcionaron a la perfección, pero por inhibición de la corteza cerebral, perdió la noción del tiempo y la distancia.

Otro es el caso de un viaje en autocar o en el tren, va mirando por la ventanilla el paisaje, su mente se centra en un pensamiento. Se dilatan sus pupilas, y al cabo de unos minutos, debido al movimiento, los sonidos monótonos, los efectos de la luz y sombras que hace el sol entre los árboles, se sumerge en un estado de relajación y somnolencia, se pierde la noción de los sonidos y entra en estado hipnótico.

Por la misma razón anterior. El hipnólogo, en una inducción utiliza la estimulación sensorial repetitiva y continuada, asociada a sugestiones, para provocar el estado hipnótico.

Este mismo principio es el que se utiliza en todas las técnicas y métodos conocidos de sugestión, persuasión y motivación, empleados en el mejoramiento personal, publicidad y marketing, deportes, enseñanzas religiosas, etc.

Riesgos de la inhibición sensorial

La inhibición sensorial y aislamiento del medio social, durante un tiempo prolongado. Produce en el ser humano, cambios psicológicos importantes. En monasterios de los más diversos credos se practican desde hace siglos, técnicas de inhibición y excitación sensorial. La oración contemplativa, o la meditación, el ayuno, las autoflagelaciones, el entumecimiento por el frío, el consumo de hierbas y hongos alucinógenos, también son comunes. Todo esto produce estados alterados de conciencia y alucinaciones. En todas las religiones y sectas utilizan el ayuno, previo a la oración y al canto, para potenciar el efecto de acondicionamiento auto hipnótico de sus monjes.

Créame, la hipnosis en si no es peligrosa, lo único peligroso es el uso que se haga de ella.

Las personas que entran en una secta, lo hacen por su voluntad o engañados, y quienes abrazan una religión lo hacen por lo general por tradición familiar.

Capítulo 9

El Trance

Se define como trance o cuadro hipnótico, al momento en que la sugestión o la autosugestión producen un efecto auto potenciado y exagerado, en la mente de la persona. Que genera cambios neurofisiológicos visibles, que se pueden confundir con el sueño fisiológico. Esas manifestaciones visibles, se conocen como –estado de trance–. Es frecuente ver a los feligreses de una doctrina religiosa, estar en estado de trance en el momento de la oración o escuchando al sacerdote o predicador. El fenómeno se origina a partir de nuestros órganos sensoriales. Estimulando interna o externamente nuestros sentidos, obtenemos ciertas respuestas, en la corteza cerebral, produciendo una reacción determinada. Esta reacción se auto potencia y se retroalimenta (feedback) internamente y externamente, a través de nuestras experiencias anteriores y nuestras creencias. La sugestión se produce a cualquier edad y no diferencia clases sociales, ni niveles de educación. De alguna manera, en mayor o menor medida un sujeto está influido por la sugestión. En todo ser humano la sugestión exagerada o estado hipnótico, se produce de forma natural. Sin embargo, cuando la gente presencia un trance hipnótico, aún hoy lo atribuyen a algún poder especial del hipnólogo o del hipnotizador.

El hipnólogo no posee poder, en el sentido todopoderoso del término. El único poder del hipnólogo *es el del conocimiento*, como el poder que puede tener un ingeniero, un médico, un fontanero, un albañil, etc. Cada uno de ellos posee el poder del dominio de su profesión. Con esto quiero decirle que usted puede poseer ese poder.

Afortunadamente en los últimos años, la publicación de libros sobre el tema, las investigaciones sobre los orígenes y efectos de la hipnosis, ha permitido desmitificar, y realzar la importancia de la hipnosis, como un hecho natural de nuestra mente.

Comparto la opinión, de renombrados especialistas, tal el caso de Herbert A. Parkin, uno de los primeros y después Milton Erickson, afirmaron que la hipnosis era un fenómeno natural de nuestro cerebro, con el fin de activar diversos mecanismos psicofisiológicos, de placer o displacer según el caso, como válvula de escape a situaciones no controladas.

¿Quién puede practicar la hipnosis?

Cualquier persona la puede practicar. Si usted, se está introduciendo en el maravilloso mundo de la hipnosis, debe saber que es, un arte, una ciencia, que tiene la particularidad de generar vocación de servicio, cuando usted la llega a dominar. Con esto no quiero decir que irá por ahí hipnotizando a cada cristiano que se le aparezca, sino que le motivará a aprender cada vez más y a utilizar sus conocimientos, en su bien y en el bien de los demás. La hipnosis es una profesión, y hago una diferencia semántica entre la profesión del hipnólogo y la del hipnotizador.

El hipnólogo es un profesional o un diplomado. Un especialista que estudia, investiga y se dedica, al uso de la hipnosis con fines sociales relacionados con la salud, la educación, la motivación psicológica, y practica la hipnoterapia siendo esta su actividad laboral.

El hipnotizador, es aquel que se dedica al uso de la hipnosis –exclusivamente– con fines teatrales, y hace de esos espectáculos, su medio de vida.

La hipnosis no es magia, la hipnosis por sí misma no cura nada.

Pero nos permite realizar, una reprogramación celular, que activa el proceso autocurativo del paciente.

Profundidad del estado hipnótico

El estado hipnótico se mide en niveles de profundidad del trance. Cada uno de los distintos niveles de profundidad hipnótica tiene sus propias características. De tal forma, podemos conocer en función de las manifestaciones fisiológicas externas, que resultado están dando nuestras sugestiones, en el paciente. Hay quienes dicen que lo difícil es hipnotizar a una persona hasta un estado profundo. Yo no lo creo así, y con certeza digo: que lo más difícil es saber qué hacer cuando la persona está en un primer nivel superficial o hipnoide. Si usted, sabe seguir los pasos adecuados, sin ansiedad, con seguridad, y recordando que: –la gota de agua perfora la piedra–, no tendrá inconveniente en conseguir el trance profundo.

Sabemos que todos producimos estados hipnóticos naturales, de nivel 1 o hipnoide. Por tanto, un hipnólogo podrá guiar a ese estado al 99% de las personas. Luego podría obtener un nivel 2 en un 75% del personal. E inducir un nivel 3 eventual, ya que por momentos volverán a un nivel 2 y viceversa, en un 50 %. Sólo es posible inducir un nivel 3 (profundo y estable) en el 40% de los hipnotizados.

Niveles y comprobación de estado

Nivel 1: El sujeto está relajado y somnoliento. Los párpados pesan y los cierra. A veces, después de cerrar los ojos, intenta abrirlos suavemente, pero no puede. En ocasiones aparece un ligero temblor en los párpados. Lo mismo ocurre con la boca, puede sonreír ligeramente, (Es una muestra de que está corroborando los síntomas de la sugestión.) Respira pesadamente. Le molestan los ruidos, porque le distraen, y le pueden hacer salir de ese estado. Comprobación de estado: Levantándole suavemente uno de los párpados, observamos que el globo ocular está hacia ***arriba, en una palabra, el ojo en blanco.

Nivel 2: Colabora con el hipnólogo, cumple las órdenes rápidamente. Presenta catalepsia ocular, hay cierta tensión en la mandíbula, no le tiemblan los párpados. Todo el cuerpo se encuentra muy pesado. Comprobación de estado: Si levantarnos un brazo o una pierna del sujeto, esta permanece suspendida en el aire, con cierta rigidez o catalepsia.

Nivel 3: Respira profundamente de forma abdominal. El corazón ralentiza sus latidos, –bradicardia– La cabeza cae pesadamente sobre los hombros hacia el centro o a un costado, (sueño profundo.) El cuerpo está mi relajado sin fuerzas (levantamos un brazo o una pierna y cae pesadamente.) Comprobación de estado: Provocar una alucinación, diciéndole al sujeto que va a abrir los ojos, pero que seguirá profundamente dormido. Y cuando abra los ojos, verá a un bebé, a un osito de peluche, o a un gatito, etc. y con cuidado, lo tomará en brazos. Si el sujeto se encuentra en nivel 3, o (sonambúlico), obedecerá a la alucinación.

Síntomas hipnóticos

Tomado las referencias de diferentes escuelas, y las observaciones realizadas por Bernheim, Liébault, Charcot y otros investigadores, el cuadro siguiente muestra los síntomas relativos a cada nivel o estado hipnótico.

Profundidad del trance y sus síntomas

Nivel 1 o (superficial)
Nivel 2 medio (cataléptico)

Relajamiento físico
Caída de los párpados
Cierre de los ojos
Temblor palpebral
Pesadez palpebral
Picor en los ojos
Lagrimeo
Relajamiento psíquico
Mayor relación entre operador y sujeto
Control de automatismo
Obediencia a las siguientes sugestiones:
Sugestiones táctiles
Sugestiones olfativas
Sugestiones gustativas
Respiración lenta (abdominal)
Sensación de pesadez en el cuerpo Inhibición muscular
Catalepsia ocular
Catalepsia de miembros
Catalepsia parcial o total Hiperinemesia
Anestesia en guante (en zona pequeña, de la mano, pie, cuello.)
Amnesia post hipnótica
Cambio de personalidad y posesiones
Obediencia a órdenes post-hipnóticas simples

Nivel 3 o profundo –sonambúlico–

Capacidad para abrir los ojos sin salir del estado de trance.
Alucinaciones positivas (oculares, auditivas, gustativas y táctiles)
Alucinaciones negativas
Amnesia total
Anestesia total
Anestesia total post hipnótica
Rapport total
Hiperestesia
Posibilidad de fenómenos telepáticos, paranormales
Órdenes post-hipnóticas a largo plazo

Síntomas de cambio de estado

Cuando el sujeto cierra los ojos, entendemos que éste, se encuentra ya en Nivel 1. La respiración es muy superficial. Cuando veamos que los párpados del sujeto empiezan a temblar síntoma muy común, significa que la profundidad es cada vez mayor y que todo va bien.

Cuando observamos que la, respiración se hace más pesada, entra al Nivel 2, lo cual revela también un trance más profundo.

Cuando vemos que la cabeza y el cuerpo del sujeto caen hacia un lado y comprobemos que su respiración es muy profunda y lenta, es síntoma de que se encuentra de lleno en Nivel 3.

Terapia según la profundidad del trance

Para obtener un óptimo resultado en intervenciones terapéuticas, se debe tener en cuenta inicialmente, en sus primeros pasos, el nivel de profundidad del trance, necesario para cada caso. Con su experiencia comprobará que estos son variables.

Nivel 1 o superficial

Indicado, para resolver pequeños problemas accidentales, como tensión nerviosa, obsesión, fatiga, falta de atención, dispersión, insomnio, etc. Puede utilizarse también, por ejemplo, antes de dar una conferencia, sostener una entrevista, participar en una competición deportiva, etc.

Nivel 2 o medio

Este nivel es el más habitual utilizado en terapia, (regresión de edad, descubrir los traumas y frustraciones etc.)

También se puede aplicar en la anestesia superficial de pequeñas zonas del cuerpo, por ejemplo, para poner inyecciones o para las extracciones dentarias. Es adecuado para las órdenes post-hipnóticas, con el objeto de poder seguir bien el tratamiento, al que estamos sometiendo al sujeto.

Nivel 3 o profundo

En este estado se pueden practicar anestesias totales de cirugías mayores. La hemorragia es controlada, debido a una ralentización de la circulación sanguínea. Debemos considerar, que, en cualquier tipo de terapia, un cuadro de Nivel 3 sería deseado, porque el rapport es total, pero sabemos que todas las personas no son capaces de alcanzarlo. Está comprobado que el Nivel 2 es el más habitual y utilizado en terapia. Hasta hace pocos años se creía que un Nivel 2 y 3 eran los únicos idóneos para terapia, sin embargo, las nuevas técnicas terapéuticas, han demostrado que la hipnosis en estado de vigilia, es sumamente efectiva.

Herber A Parkyn, a finales de 1800, ya había comprobado y experimentado las terapias sugestivas sin trance, con excelentes resultados. Milton Erickson, también corroboró esas experiencias y fue él quien experimentó más a fondo con la hipnosis subliminal.

El Método HESA (Hipnosis con Efectos Subliminales Asociados), del cual soy autor, es una técnica de hipnosis, de inmersión. Le llamo de inmersión por que el paciente, recibe sugestiones desde el mismo momento en que entra en la consulta. Es muy potente, y muy efectiva en terapias de control de hábitos y modificación de conductas. Es una técnica avanzada que se vale, de tecnología informática y electrónica. Utilizando la voz en doble o triple canal, con variaciones de fase, y mensajes subliminales.

Antes de hipnotizar

Antes de comenzar a hipnotizar, tenemos que experimentar, la hipnosis en nuestra mente. Un buen hipnólogo tiene que saber practicar la autohipnosis. Un paso fundamental para su práctica es conocer los efectos de la respiración.

La respiración es una fuente de energía. Es el alimento de nuestras células, en forma de oxígeno, sin él no podríamos vivir. Una mala respiración, por hábitos de posturas corporales inadecuadas, con el tiempo genera diversas dolencias, irritabilidad, nerviosismo, cansancio, somnolencia, etc.

El bostezo, por cierto; un acto natural, es una muestra de cómo nuestra mente inconsciente intenta mejorar la oxigenación cerebral, al incrementar la inhalación de aire al bostezar. Controlar la respiración, nos permite aprender por extensión, a relajar. Aunque parezca increíble, la mayoría de las personas no saben relajarse en los momentos de mucha tensión. Y con total seguridad una relajación les ayudaría a solventar más adecuadamente las situaciones. Existen numerosas técnicas respiratorias y de relajación. Lo importante es familiarizarnos con el ritmo, y la profundidad, de la inspiración y la exhalación.

La técnica de respiración, para relajamiento y activación cerebral, por oxigenación, es muy adecuada cuando necesitamos liberar tensiones, en nuestro trabajo, o en el estudio, nos permite mejorar el riego cerebral y a su vez la oxigenación de las neuronas. Es una técnica de tres movimientos, que permite en pocos minutos relajar el tono muscular y la tensión nerviosa, favoreciendo la concentración mental. Si la practicamos acostados, en la mayoría de los casos induce a un sueño ligero, por tanto, si deseamos relajarnos para seguir con nuestra actividad de trabajo o estudio, deberá ser en la posición de sentado o de pie.

Capítulo 10

Técnicas de Respiración y concentración

Técnica de respiración relajante

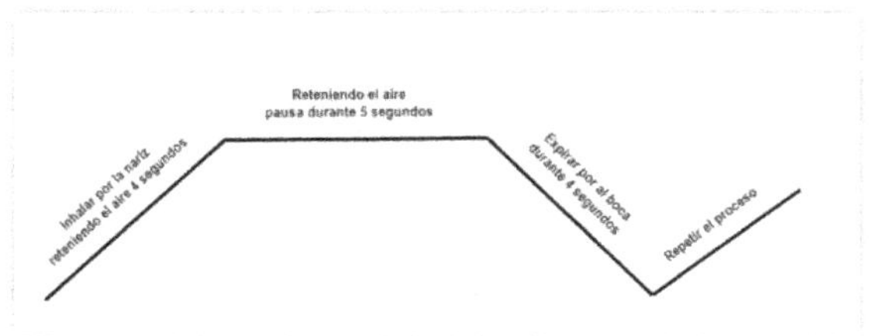

Sentado o de pie, tirando los hombros hacia atrás, inspire profundamente, hinchando los pulmones, perciba la sensación de movimiento cuando sube el pecho, la inspiración será de unos cuatro segundos. Haga una pausa reteniendo el aire en los pulmones, durante cinco segundos.

Espire por la nariz, entrando y presionando el abdomen, hasta expulsar todo el aire de los pulmones, este movimiento lo hará con una duración de cuatro segundos.

Y empiece nuevamente el ciclo. Es bueno entrenar esta técnica, haciendo veinte a treinta ejercicios continuados, por día durante una semana, así se condiciona el subconsciente, de tal forma que después del entrenamiento, con sólo tres o cuatro ejercicios, se consiga la relajación muscular y oxigenación adecuada.

Retención -Pausa durante 5 segundos

Técnica de respiración para inducción

Esta técnica también sirve para relajación, pero es diferente a la anterior en su rutina, y el efecto también los es, por eso la utilizo en la inducción a un estado hipnótico, y es muy adecuada en autohipnosis.

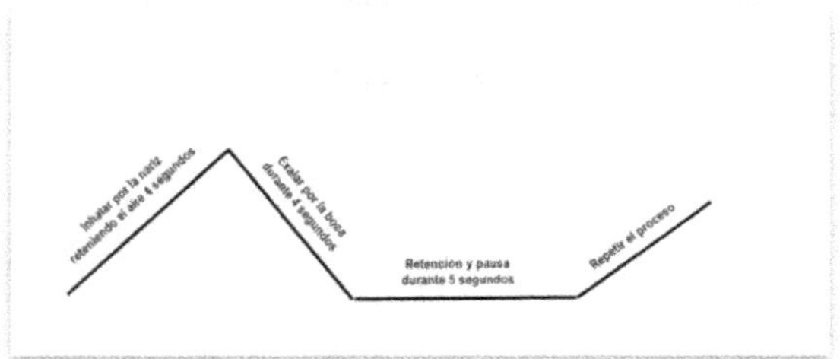

La particularidad de la misma, es que los ejercicios empiezan de forma diferente. Igual que la anterior, también se realiza en tres pasos. El efecto es: de relajación profunda y sensación de vacío, y al cabo de unos minutos somnolencia. Algunas personas pueden sentir durante el ejercicio, un pequeño vértigo, por la hiperventilación, en ese caso, detener el ejercicio hasta que la sensación pase. No es recomendable en personas muy fumadoras o con insuficiencia respiratoria aguda.

Esta técnica le permitirá acceder a una relajación profunda, y a activar centros cerebrales. Si asociamos la imaginación, la visualización, concentrándonos en una imagen, sonido, o en la sensación de somnolencia, conseguiremos entrar en un estado hipnoide, en pocos minutos. Practíquela, sentado en una silla, con las manos apoyadas en los muslos. Con los hombros echados hacia atrás. Comienza haciendo una inspiración profunda de cuatro segundos.

Inmediatamente espira por la boca expulsando rápidamente el aire de los pulmones, hundiendo el abdomen así presiona el diafragma durante cuatro segundos. Haga una pausa manteniendo los pulmones vacíos durante cinco segundos. Continúe con el ejercicio, inspirando rápidamente. Al cabo de siete ciclos como mínimo y diez como máximo, comience a respirar lenta y profundamente, para acceder a la relajación, o al estado hipnoide. Para ello imagine que siente somnolencia, relajación, o concentre su pensamiento en las sensaciones corporales de bienestar.

Técnicas de Respiración y Concentración

Es importante, practicar estos ejercicios para comprender su diferencia, y aprender a controlar su respiración según la necesidad, de relajación o de inducción rápida. Cualquiera de las dos técnicas sirve para hacer una inducción hipnótica, la diferencia radica, en que la primera es más lenta. La ventaja es que se puede aplicar en todos los casos, en tanto la segunda, como ya dije antes tiene sus excepciones en las personas con problemas bronquiales serios. En el siguiente gráfico vemos la técnica del ejercicio.

Técnicas de concentración

Es frecuente, que un cliente, en consulta, me manifieste que tiene dificultades para concentrarse. También es importante saber que toda persona sana puede tener momentos de falta de concentración, motivada por diferentes circunstancias, tales como fatiga, estrés, nerviosismo, una inadecuada alimentación o bloqueos emocionales etc.

Sin embargo, en deficientes mentales o enfermedades psíquicas, la falta de concentración, es un hecho patológico, y no tiene solución. Es bastante común hoy en día que los adolescentes de ambos sexos, por la influencia de la moda, modifican sus conductas y dedican su tiempo, a la práctica del culto al cuerpo. Hacen unas dietas de adelgazamiento inadecuadas. Tienen problemas en los estudios, pérdida de memoria, concentración, no pueden fijar su atención. Y luego cuando perciben dificultades de pérdida de concentración, memoria, atención disminuida, etc. Deciden hacer todo tipo de cursos y seminarios de técnicas de estudio. Que no les resultan efectivos, debido: A que los problemas, tienen que ver más con una deficiencia de minerales básicos, vitaminas, proteínas e hidratos de carbono, que, con la falta de concentración y memoria, etc. Por más autohipnosis o técnicas de estudio, que practiquen, lo mejor, es comer adecuadamente. De todas formas, se puede fortalecer y mejorar la atención voluntaria, la concentración y la memoria, con técnicas prácticas y simples, pero que necesitan constancia. Con autohipnosis y una buena programación, se mejoran la concentración y memoria. También existen ejercicios prácticos para ello.

La concentración

Es un acto mental intencionado que sensibiliza nuestra capacidad de percepción y enfoque en un punto o pensamiento determinado, anulando o filtrando los estímulos externos e internos, que dificultan una óptima identificación del fenómeno que motivó nuestra concentración. Es una forma de dirigir nuestra atención voluntaria a localizar un pensamiento, un estímulo, o una sensación. Y a aumentar o potenciar la captación. Por ejemplo: escuchamos ruidos extraños en el apartamento de al lado, nos acercamos a la pared y cuando queremos oír, que sucede del otro lado.

Apoyamos nuestro oído contra la pared, –concentramos nuestra atención–, y automáticamente, respiramos profundo y contenemos la respiración.

Este acto consciente o inconsciente, permite sensibilizar aún más nuestros sentidos, y en especial el oído. Si cerramos los ojos mientras realizamos esa acción, notaremos que mejora nuestra captación auditiva y sensitiva o cenestésica.

Nuestro sistema de percepción utiliza filtros inconscientes, sin embargo, en la concentración los filtros son conscientes. Si no conseguimos filtrar y bloquear conscientemente los estímulos externos e internos, no obtenemos una buena concentración.

Técnicas de Respiración y Concentración

El acto de cerrar los ojos conscientemente, nos aísla de los estímulos visuales, contener la respiración nos aísla de los ruidos respiratorios, sensibilizando nuestra audición externa. Nuestros recuerdos antiguos, son los principales enemigos de nuestra concentración. Y también los son nuestros sentidos.

Los recuerdos antiguos, entorpecen nuestra mente, nuestro pensamiento, y cuando intentamos concentrarnos en algo importante, buscar la solución a un problema, nuestros recuerdos antiguos y los malos aprendizajes anteriores, perturban nuestra concentración.

Y por más que intentemos concentrarnos en el tema, abstrayéndonos de todo, los recuerdos antiguos nos traicionan. Y terminamos pensando en lo gorda que está la tía María, o en el sabor del bocadillo de chorizo que comimos de merienda. Verán a continuación dos técnicas que tienen por objeto, adiestrar nuestros sentidos, para mejorar la concentración.

Técnica de los cinco puntos

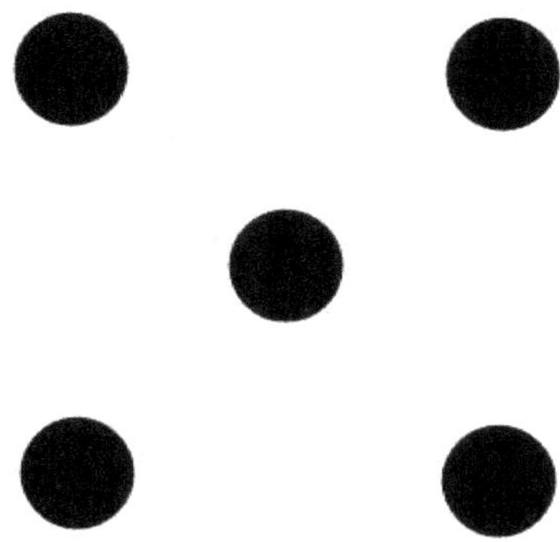

Esta técnica, la he desarrollado hace unos años, buscando nuevos ejercicios de concentración. Es una técnica simple que ayuda a mejorar su capacidad de atención y concentración, es perfectamente aplicable para los casos de estudiantes, que les cuesta concentrar su mente en el tema que están estudiando.

Habrá comprobado, que cuando alguna cosa, le interesa, usted se concentra con más facilidad. Esto se debe, que nuestra atención ha sido estimulada, involuntariamente, tal vez porque la lectura o el hecho de referencia, atañe a su interés. La atención y concentración involuntaria, no se pueden entrenar. Pero a la atención y concentración voluntaria, sí las podemos entrenar y potenciar. Por lo tanto, debe practicar ejercicios adecuados.

Debe ser paciente y seguir las instrucciones correctamente. Así aprenderá a separar los pensamientos, que entorpecen la atención y concentración.

Fotocopie esta figura, o dibújela en una cartulina o papel blanco de 20cm x 20cm marcando un círculo en el centro de color negro, y cuatro círculos, equidistantes del centro, a cinco centímetros, de distancia entre ellos.

Coloque la hoja blanca con los círculos, a una distancia de 30 o 40 centímetros, y fije la vista y atención en el círculo del centro, con la intención de mirar sólo el círculo del centro. Si la concentración es buena, al cabo de unos 60 segundos a 1 minuto, comenzará a ver un halo claro fuera del círculo, y luego el círculo se cubrirá de un color blanco, que también veremos en los otros círculos. –Todo esto debe hacerlo, sin mover los ojos del círculo del centro–.

Debe mantener esa concentración durante 3 a 4 minutos, y luego –pensará– en un círculo de los de arriba o de los de abajo, sin mirarlos. Haciendo lo mismo con cada círculo exterior. Notaremos que en el mismo instante que pensamos en otro círculo que no sea el del centro, nuestra vista hace un movimiento inconsciente, y el halo desaparece automáticamente. En ese momento la concentración se disipa.

Recomiendo este ejercicio para mejorar la concentración. Lo tiene que practicar de quince minutos a media hora por día. Procurando conseguir pensar en los otros círculos sin que la vista se mueva inconscientemente.

Con esto aprenderá a controlar voluntariamente ciertos actos automáticos, que dificultan la concentración. Con este mismo método de los cinco puntos, también se puede inducir un estado hipnótico, como veremos más adelante.

Técnica de concentración selectiva

En este caso la técnica le permite mejorar la concentración, en lugares con mucho ruido. Sabemos que en un lugar tranquilo siempre podemos concentrarnos mejor, no obstante, la vida moderna, nos obliga a trabajar en un ambiente contaminado de ruidos. Proceda de la siguiente forma: cerrando los ojos, procure oír e identificar todos y cada uno de los sonidos que llegan a su mente. Luego selectivamente, concentre por espacio de treinta segundos, su aparato auditivo, en cada uno de los ruidos o sonidos. Inmediatamente abriendo los ojos. Proceda selectivamente a concentrase en el tema que le apura, que le interesa. El proceso funciona así: cuando todos los ruidos y sonidos están medianamente identificados, nuestro sistema de percepción actúa aislándolos selectivamente, porque ya fueron identificados y nuestra intención es evitarlos, así nuestra mente consigue bloquearlos. No debemos olvidar lo siguiente: Si nuestra intención es evitar estímulos o pensamientos que hacen perder la concentración, primero debemos investigarlos. Tiene que practicar este ejercicio, tres veces al día durante una semana, así irá adiestrando su cerebro. A medida que mejore su concentración los recuerdos antiguos, las sensaciones internas o los ruidos, quedan en un plano de fondo, que no afectarán su concentración. En mi caso, por ejemplo, he conseguido, pensar, proyectar y encontrar soluciones, a dificultades de trabajo, activar mi creatividad, escribir parte de este libro, en un bar, en el aeropuerto, donde los ruidos y estímulos, son realmente importante. He comprobado que cuanta más práctica se adquiere en esta técnica, más productivo es el resultado. Obviamente, no pretenderemos concentrarnos en el medio de una avenida. Ni al lado de un martillo neumático, que esté perforando el pavimento de la esquina, porque el estímulo ruidoso será fatal, y tal vez nos concentremos en enviarle un saludo a la familia del alcalde, que se le ocurrió hacer la obra justo el día que decidimos concentrarnos en algo importante.

Capítulo 11

Técnicas de Relajación

Método de Jacobson

Fue desarrollado en la década de los treinta por el médico clínico americano Edmud Jacobson. A diferencia de las otras técnicas este método, es de tipo activo, la relajación se produce por una reacción fisiológica. La forma de practicarlo tumbado boca arriba, sobre la cama o una colchoneta, en un lugar tranquilo. Cerrando los ojos, haga tres respiraciones profundas, soltando el aire lentamente. Concéntrese en sus pies, contraiga con fuerza sus pies como si fuesen garras, haga una inspiración profunda, una pausa (cuente hasta cinco), y al soltar el aire relaje sus pies, suéltelos... A continuación, contraiga sus pantorrillas con fuerza, inspire profundamente, una pausa y al soltar el aire relaje sus pantorrillas Continúe con sus muslos, contrayéndolos fuertemente, haga una inspiración profunda, retenga el aire, y al soltarlo relaje sus muslos, déjelos flojos. Ahora contraiga las dos piernas con fuerza, inspire profundamente, haga una pausa y al soltar el aire, afloje sus piernas... Así continuará, con cada parte de su cuerpo, glúteos, brazos, manos, dedos, cuello, hombros, pecho, mandíbulas, boca, ojos, hasta que finalmente contraiga todo el cuerpo. El ejercicio de contracción-relajación, se debe repetir con cada grupo de músculos y con todos a la vez. Ejemplo: manos solas, antebrazos solos, brazos solos, y luego manos-antebrazos-brazos a la vez, así con todo el cuerpo. Es importante repetir las secuencias tres veces al menos para conseguir el máximo resultado. La ventaja de este método es que lo puede practicar cualquier persona, aún aquellas que tienen dificultades para imaginar o visualizar, ya que se apela a una acción y reacción puramente fisiológica.

Entrenamiento Autógeno de Schultz

Esta técnica de relajación del Dr. J. H. Schultz, es simple y efectiva, se practica en posición de sentado. Busque un lugar tranquilo, y una silla con respaldo recto, y siéntese. Imagine que conduce un coche de caballos, y lleva las riendas, apoyando sus manos en las piernas.

Procurará sentir en cada parte del cuerpo pesadez y calor, en la primera fase la pesadez y en la segunda fase la sensación de calor y buena circulación. Cuando más se concentre en sentir esas sensaciones, más profunda será su relajación. Cerrando los ojos, inspire profundamente por la nariz y espire por la boca lentamente. (Utilice la técnica de respiración relajante aprendida.) Haga cinco ciclos.

Tome conciencia de toda la tensión que rodea su cuerpo Imagínese, tocando, palpando, cada miembro, brazo, pierna, etc. Transmítales sensación de pesadez, de mucha pesadez, siéntalos pesados empezando por: Los pies. -Los tobillos. -Las piernas. Los muslos. -Las nalgas. Los órganos genitales. El abdomen. El pecho -El cuello. El rostro. La cabeza. -La nuca. -La espalda. Los hombros. -Los brazos. -Los antebrazos. -Las manos.

Dirija su mente a la tensión de su cabeza, y relaje su cabeza, su cuero cabelludo, los nervios. Siéntalos relajados. Continúe relajando su cuello, moviéndolo lentamente, hacia la derecha y hacia la izquierda, atrás y adelante, y sienta como se ha relajado la tensión de su cuello.

Concéntrese en sus hombros, y perciba lo tensos que están. Relájelos, moviéndolos suavemente. Y sienta como se liberan y se relajan. Continúe con su pecho, abdomen, caderas, glúteos. Comience nuevamente, pero en lugar de sentir pesadez sienta la sensación de calor siguiendo los pasos a continuación, empezando por: Los pies. -Los tobillos. -Las piernas. Los muslos. -Las nalgas.

Los órganos genitales. -El abdomen. El pecho -El cuello. -El rostro. La cabeza. -La nuca. -La espalda. Los hombros. -Los brazos. -Los antebrazos. Las manos. Al hacerlo, no olvide la sensación de pesadez y calor en todo el cuerpo e imagine que todos sus órganos internos funcionan armoniosamente.

Capítulo 12

La Inducción Hipnótica

Cuando comenzó con la lectura de este curso, estaba deseando llegar a este punto, la inducción del estado hipnótico. Como primera medida tiene que conocer si el sujeto es visual, auditivo o kinestésico. Y saber qué nivel de susceptibilidad posee usted o el sujeto a hipnotizar. Sepa que todas las personas en mayor o menor medida son receptivas a la sugestión. Si un hipnoterapeuta, no consigue la hipnosis en un paciente, o si usted falla en su propia inducción auto hipnótica, se debe a que no se utilizaron las técnicas adecuadas. Una técnica puede funcionar perfectamente con una persona y no ser efectiva con otra. Las pruebas de sensibilidad o susceptibilidad, permiten seleccionar los métodos más adecuados según la persona.

Tenga siempre en cuenta las claves de acceso ocular, o por medio de los predicados que utiliza en su conversación la persona. En un auditivo, comience su inducción utilizando, predicados auditivos. Ejemplo: Preste atención a mi voz... Y a lo que le voy a decir... Si es visual inicie diciendo: Cierre los ojos, imagine... visualice... Si es kinestésico, comience así: Deseo que sienta todas las sensaciones de su cuerpo... en el sillón... perciba la temperatura de su mano derecha... Después del inicio de la inducción, debe apelar a todos los sentidos, para tener más efectividad. La utilización inicial del sistema dominante le facilita las cosas. Y evita resistencias. Si a una persona que no es auditiva le dice inicialmente: visualice... o imagine un paisaje, seguramente le costará hacerlo. Pero si le dice: construya mentalmente un paisaje, recordando el trino de los pájaros... el ruido del agua... de un arroyo... el aire entre los árboles... y en tanto escucha mi voz. Con seguridad conseguirá que la persona entre más fácil en trance.

Test o prueba de Susceptibilidad

Para medir su nivel de respuesta, puede probar su propia susceptibilidad utilizando alguno de los test que veremos a continuación. Puede seguir los pasos usted mismo a través del ejercicio, o hacer que alguien le guíe. Existen, numerosos test para probar, la sensibilidad a la hipnosis. Veremos a continuación, los más relevantes. Si va a utilizar la hipnosis con otras personas. Es indispensable que practique antes auto hipnosis. Y así comprobar lo que aquí está leyendo. Uno de los más conocidos es el test del péndulo de Chevreul.

Test del Péndulo de Chevreul

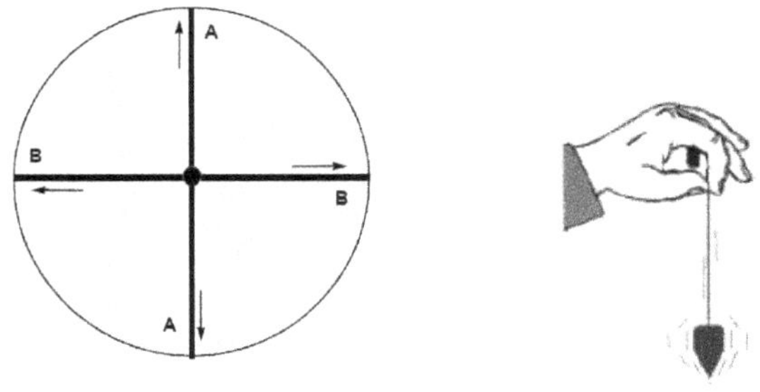

En el estudio de la neurofisiología, se ha podido comprobar, como las emociones, los pensamientos producen respuestas fisiológicas, que se traduce en movimientos involuntarios, posturas corporales, etc. Pavlov fue el primero que descubrió que, si pensamos en un movimiento, inconscientemente nuestros músculos se ponen en acción para ejecutar el movimiento. La teoría ideo dinámica, enunciada por el Dr. Bernheim dice que: −Todo pensamiento genera una acción−. Con esta prueba, trataremos de dirigir el péndulo con el pensamiento, sobre unas coordenadas.

Si usted le hace el test a otra persona, o si lo hace usted personalmente para practicar autohipnosis, se ejecuta igual solo que cambiará el pronombre −usted− por −yo− Con un péndulo de cualquier material, y una cuerda o cadenilla, de treinta a cuarenta centímetros, lo tomará por el extremo de la cadena. Y sin hacer ningún movimiento con el brazo extendido, centrará el punto de las coordenadas, sosteniendo el péndulo. No debe mover el péndulo. Una vez que esté preparado comience diciéndole: −Afloje los músculos de todo su cuerpo... −Cada punto suspensivo equivale a 1 segundo de pausa− − Aflojar más un poco más su cuerpo... Con tranquilidad... piense únicamente en su mano derecha... Su mano debe permanecer tranquila y sin moverse. No debe usted mover su mano derecha... Ahora concéntrese en el péndulo. Solamente en el péndulo....

Piense e imagine, que el péndulo empieza a moverse... se va moviendo poco a poco... −En este momento usted le dice hacia qué dirección quiere que se mueva el péndulo− El péndulo va de arriba abajo... de arriba abajo... de la -A-, a la -A-. El péndulo se mueve cada vez más fuerte de la -A-, a la -A-. Más fuerte... más y más fuerte... El péndulo ya recorre toda la línea de la -A-. Atención ahora, Atención ahora... Porque el péndulo va a cambiar de dirección... va a moverse de la -B-, a la -B-. Sí ya cambia de dirección... Ya cambia de dirección y se dirige a la -B-. Ya empieza a ir de la B-, a la -B-. El péndulo ya se mueve de la -B-a la -B-, más fuerte... más y más fuerte va de -B-, a -B-... Ya recorre toda la línea de la B-muy bien... muy bien... Ahora atención porque el péndulo se va a parar... el péndulo se va a parar... ya se está deteniendo... ya se detiene... ya está totalmente parado.... Cuando la persona ha movido el péndulo, en todas las direcciones, es un sujeto muy sugestionable, si ha conseguido seguir algunos de los movimientos, se trata de una persona receptiva, y con varias sesiones, entraría en estado hipnótico. Si no movió el péndulo, no vale la pena intentarlo. Es un caso extremadamente difícil, no pierda tiempo.

Test del brazo rígido

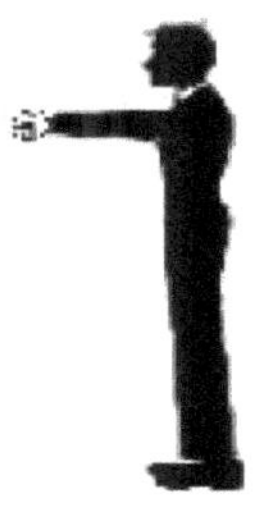

Póngase cómodo. De pie con las piernas juntas y los brazos estirados. Y ahora comience a relajarse. Cierre los ojos y haga una respiración profunda... y espire... y relaje. Relájese bien relajado. Relaje los hombros, los brazos, el cuello, el rostro. Relaje las piernas, la región lumbar, relaje los hombros. Relaje todo su cuerpo, simplemente relaje. Haga otra respiración profunda... y espire..., libere, y relaje. Concéntrese interiormente en el ritmo de su respiración. Acóplese con el ritmo de su respiración, y cuando aspire, relaje su respiración y empiece a sentir que su cuerpo se afloja y flota en la relajación. Los sonidos a su alrededor carecen de importancia, los sonidos no le afectan y relájese. Deje que cada músculo de su cuerpo, desde la punta de los dedos de los pies, hasta la coronilla, estén completamente relajados. Cuando aspire suavemente, relájese. Cuando espire, libere toda tensión, todo estrés de cualquier parte de su cuerpo, mente y pensamiento. Ahora extienda un brazo delante de usted. Hasta la altura de los hombros. Manténgalo recto. Cierre el puño hasta que quede muy apretado, su puño apretado, y ahora su brazo se vuelve ¡rígido!... Se vuelve ¡más rígido! Se vuelve ¡muy rígido! ¡Su brazo está rígido! ¡Sumamente rígido! ¡Todo su brazo, desde el hombro hasta el puño, está rígido! ¡Su brazo está recto y duro y no se doblará!... ¡Usted trata de doblar el brazo y éste se vuelve más rígido!... ¡Su brazo rígido está inmóvil y recto y nada lo mueve! ¡Nada puede moverlo! ¡Está completamente rígido desde el hombro hasta el puño, completamente rígido! ¡Su brazo está completamente rígido!... Ahora contaré desde cinco hasta uno. Cuando yo diga cinco usted comenzará a relajar el brazo. Al oír cada número relajará el brazo más y más; entonces, cuando yo diga uno su brazo estará completamente relajado a un lado de su cuerpo. Cinco... empiece a relajar el brazo... cuatro... sienta a su brazo relajarse... tres... relaje... dos... uno. Su brazo está completamente relajado. En este Test, si el brazo llega a estar rígido y permanece así hasta el comienzo de la cuenta de cinco, la persona o usted si se está auto testando, es un sujeto sensible a la sugestión.

Test de los dedos imantados

Esta prueba se realiza de pie o sentado, y es una variante de las manos cruzadas. El test de los dedos que se atraen, lo popularizó Milton Erickson. Si usted se está auto testando o si se lo hace a otra persona, debe proceder igual, solo que las sugestiones cambiarán de primera a segunda persona o viceversa.

Decimos al paciente; estire los brazos por favor, y entrecruce los dedos. −De la forma que vemos en la figura− Presione fuertemente sus dedos índices entre ellos... más presión... presione más... muy bien...

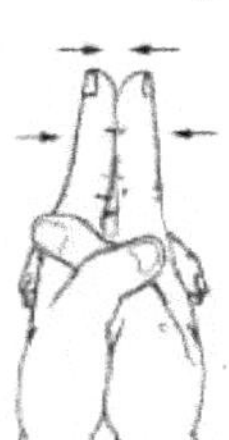

Ahora sepárelos lo más posible manteniendo los otros dedos entrecruzados... −Mire fijamente, entre los dos dedos índices separados. Imagine que están imantados, y se atraen, imagine.... Que poseen un fuerte y poderoso imán... y se atraen...... más... y más...−

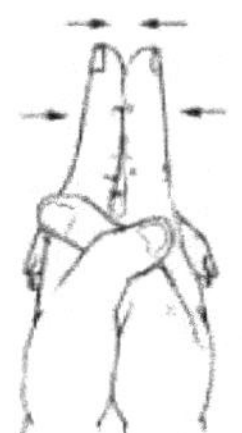

Se atraen y cuando más se esfuerza en mantenerlos separados... más se atraen... y se juntan... ya se tocan... ya se tocan. El poder de atracción es más fuerte... cada vez más fuerte... ya se tocan... se juntan...

Si la persona posee buena susceptibilidad, los dedos se juntarán en pocos segundos a un minuto.

Test de los globos y la sandía

Esta prueba es una variante creativa, de otro test conocido como del brazo pesado. Se puede realizar de pie o sentado. Podemos cambiar los objetos de la prueba, en lugar de globos, un papel o una caja de cartón vacía y el lugar de la sandía una piedra, una caja de metal con tornillos, etc., lo importante es que en el proceso de imaginación diferenciemos por el tipo de material su peso. Póngase cómodo. Con las piernas y los brazos estirados. Y ahora comience a relajarse. Cierre los ojos y haga una respiración profunda... y espire... y relaje.

Relájese bien relajado. Relaje los hombros, los brazos, el cuello, el rostro. Relaje las piernas, la región lumbar, relaje. Relaje todo su cuerpo, simplemente relaje. Haga otra respiración profunda... y espire..., libere, y relaje. Concéntrese interiormente en el ritmo de su respiración. Acóplese con el ritmo de su respiración, y cuando aspire, relaje su respiración y empiece a sentir que su cuerpo se afloja y flota en la relajación. Los sonidos a su alrededor carecen de importancia, los sonidos no le afectan y relájese. Deje que cada músculo de su cuerpo, desde la punta de los dedos de los pies, hasta la coronilla, estén completamente relajados. Cuando aspire suavemente, relájese. Cuando espire libere toda tensión, todo estrés de cualquier parte de su cuerpo, mente y pensamiento. Estire los brazos delante de usted al mismo nivel de los hombros. Imagine que está sosteniendo una sandía en la mano derecha. Sujete la sandía ahuecando la palma de su mano, una sandía que pesa cinco kilogramos aproximadamente. Imagine ahora que en el pulgar de su mano izquierda le amarro un globo con gas, que tira hacia arriba por el hilo, y siente muy livianos su mano y su brazo izquierdo. Mientras, su mano derecha empieza a sentir el peso de la sandía... Usted siente el peso, imagine que pesa más y más... Ahora en la mano izquierda le amarro dos globos más... que tiran hacia arriba... su brazo derecho está más liviano, más liviano...

Le amarro tres globos más. Ahora tiene seis globos amarrados, y el brazo izquierdo está muy liviano... muy liviano y sube... La fuerza de los globos lleva su brazo izquierdo más arriba... hacia el techo... sube y sube... siente que su brazo izquierdo sube... sube más... y más. Y su brazo derecho está muy pesado y cansado, por el peso de la sandía... Pesa mucho... está más y más pesado... y cae... su brazo cae muy pesado... desciende... desciende muy pesado. En este Test, sus brazos se habrán desplazado desde su posición original al nivel del hombro. Cuando mayor, sea la distancia entre el brazo izquierdo y el derecho, mayor será su susceptibilidad.

Test de la Caída hacia atrás

Haga poner de pie la persona y con las piernas juntas y los brazos pegados al cuerpo, en posición firme, tocando su cabeza, indíquele que mire hacia arriba como a un punto imaginario en el techo.

Sitúese detrás de la persona estirando sus brazos, ponga sus manos en los omóplatos del sujeto, haciendo un contacto firme. Debe sentir su presencia. Después de unos 30 segundos, dígale lo siguiente: Cierre los ojos y continúe imaginando que ve el techo. Escuche mis palabras, solo mis palabras, siéntase tranquilo.... Usted siente mis manos en su espalda... y mientras siente mis manos en su espalda yo le hablo... y usted escucha solo mi voz. Siéntase tranquilo.... más tranquilo... su cuerpo se pone más tenso... más rígido... ahora preste atención... mucha atención... −pausa− Mis manos le producen una fuerte atracción... y mis manos le producen una atracción increíble... irresistible.... Atención... Yo retiraré mis manos de su espalda, en unos instantes. Cuando cuente hasta tres... La atracción de mis manos le llevará hacia atrás... No caerá, porque yo le sostengo... Usted no caerá porque yo le sostengo. Uuuuuno... mis manos le atraen más... Dooooss.. Treeeess.... –En el momento de separar las manos, debe empujar suavemente la espalda del sujeto y soltarlo Diciendo: ––Su cuerpo se balancea... y se inclina hacia atrás... se inclina más... y su cuerpo caaaae... caaaae hacia atrás... caaae... Cuando empieza a caer usted, debe sostenerlo, soportando su cuerpo inclinado, las sugestiones deben ser muy rápidas y continuadas, sin dubitaciones, el sujeto no debe tener tiempo a pensar que sucede. Seguidamente se puede practicar la caída hacia delante, con la misma técnica, diciendo:

Test de la Caída hacia delante

Sitúese de pie frente a la persona, estirando los brazos y apoyando sus manos en el pecho cerca de los hombres, dígale: Ponga sus piernas juntas y firmes... cierre los ojos... Escuche mis palabras con mucha atención... solo mis palabras, siéntase tranquilo, usted siente mis manos en sus hombros... y mientras siente mis manos yo le hablo... y usted escucha solo mi voz... Siéntase tranquilo... más tranquilo... su cuerpo se pone más tenso... más rígido... ahora preste atención... mucha atención... –pausa–... mis manos le producen una fuerte atracción... mis manos le producen una atracción increíble... irresistible... Atención... yo retiraré mis manos en unos instantes... cuando cuente hasta tres... y la atracción de mis manos será más fuerte... y le llevará hacia delante... no se caerá porque yo le sostengo... Usted no caerá porque yo le sostengo. Uuuuuno... mis manos le atraen más... Dooooss. Treeeess.... –Al llegar a tres, en el momento de separar las manos debe empujar suavemente al sujeto y soltarlo Diciendo: ––Su cuerpo se balancea... y se inclina hacia delante... se inclina más.... y su cuerpo caaaae.... caaaae hacia adelante.... caaae... Cuando empieza a caer, usted debe sostenerlo, soportando su cuerpo inclinado, las sugestiones deben ser muy rápidas y continuadas, sin dubitaciones, el sujeto no debe tener tiempo a pensar que sucede.

Estas pruebas permiten sensibilizar inicialmente al sujeto, y condicionarlo para las siguientes, o bien para la inducción del trance. Su tono de voz, debe ser seguro y con autoridad. Las vacilaciones le harán fracasar, por eso ejercite cuantas veces pueda la técnica y las sugestiones.

Test de las manos pegadas

Esta misma experiencia, se la puede hacer de pie o sentado, con las manos cruzadas apoyándolas sobre la frente, sobre la cabeza, o estirando los brazos al frente. Comience explicando, a la persona que va a realizar una prueba, para comprobar su capacidad de concentración, y que es importante que imagine todo lo que le irá diciendo. Después dígale: –Siéntese por favor y póngase cómodo. Con las piernas y los brazos estirados. Y ahora comience a relajarse. Cierre los ojos y haga una respiración profunda... y espire... y relaje. Relájese bien relajado. Relaje los hombros, los brazos, el cuello, el rostro. Relaje las piernas, la región lumbar, relaje los hombros. Relaje todo su cuerpo, simplemente relaje. Haga otra respiración profunda... y espire..., libere y relaje. Concéntrese interiormente en el ritmo de su respiración. Acóplese con el ritmo de su respiración, y cuando aspire relaje su respiración y empiece a sentir que su cuerpo se afloja y flota en la relajación. Los sonidos a su alrededor carecen de importancia, los sonidos no le afectan y relájese. Deje que cada músculo de su cuerpo, desde la punta de los dedos de los pies, hasta la coronilla, estén completamente relajados.

—Cuando aspire suavemente, relájese. Cuando espire, libere toda tensión, todo estrés de cualquier parte de su cuerpo, mente y pensamiento. —Junte sus manos delante de usted y apriételas. Apriételas con fuerza. Mientras las mantiene apretadas, imagine que en sus manos se ha esparcido un pegamento instantáneo, muy fuerte, y que el pegamento se seca, se seca muy rápido y se pone rígido. El pegamento se seca y mantiene sus manos unidas, sus manos están unidas con fuerza. Ya no siente, que tiene dos manos separadas. Las manos están unidas, pegadas, Ambas son una. Los dedos y las palmas están unidos por el pegamento, rígidos, muy rígidos. Trate de comprobar lo fuerte que el pegamento mantiene unidas sus manos, y los dedos pegados. Están pegados tan fuerte que siente como si sus manos fuesen una sola. A la cuenta de tres será incapaz de separarlas. Cuanto más se esfuerce por separarlas, más pegadas se mantendrán. Las manos se pegarán más fuerte, cada vez que usted oiga un número, se pegan más fuerte, se unen más fuerte: Uno... dos... tres. Sus manos están pegadas. Y cuando más intenta despegarlas, más se unen. ¡Están totalmente pegadas!... En este test, usted o el paciente debe sentir dificultad manifiesta para separar sus manos, cuando más unidas las sienta más sensible es usted a la sugestión. Cuando mayor sea su susceptibilidad, usted será más receptivo a cualquier programa de modelación de conducta por medio de hipnosis.

Capítulo 13

Zona de Fractura

Cuando yo era niño, acompañaba a mi padre a pescar. Él era un amante de la pesca. Me preparaba el sedal, los anzuelos y la caña. Pero me resultaba difícil pescar. Cuando él tenía en la cesta quince o veinte peces, yo tenía uno. Yo le preguntaba como lo hacía, y siempre me respondía, que debía dar un tirón al sedal, en el momento justo, cuando picara el pez. Pasó bastante tiempo para que yo adquiriera esa destreza. En la práctica del hipnotismo sucede lo mismo. El practicante, con el tiempo será cada vez más efectivo. Pero como este libro es un manual de aprendizaje, le daré las claves para pescar rápidamente. Con frecuencia, compruebo que profesionales y terapeutas, con conocimiento de hipnotismo y que asisten a alguno de mis cursos. No han adquirido, la destreza suficiente, y fallan en el momento de la inducción al trance. Por eso siguen en la búsqueda del gran –secreto–. O sea, de aquel punto clave que les permitiría asimilar y comprender el momento justo para hacer caer en estado hipnótico profundo a su paciente.

Pues bien; ese secreto le llamo: –**zona de fractura**–. Denomino zona de fractura, –al momento exacto en que se produce un corte o fractura entre la comunicación del consciente y el subconsciente–

Es un momento clave. Donde la mente consciente abrumada por la comprobación de los efectos o síntomas sugestionados, –sus manos están pesadas... sus párpados pesan... su vista se nubla... etc.–El sujeto, desconecta y entra en trance. ¿Qué le hace entrar en trance? Tal vez por un impulso inconsciente, relacionado con el instinto animal, que poseemos. En mis experiencias con animales, el factor fundamental para hipnotizarles o fascinarles, es la sorpresa, y el miedo. Un animal, ante un enemigo por temor huye. Pero si es sorprendido queda inmovilizado, paralizado, y es cazado.

La diferencia entre el ser humano radica, en que factores como la consciencia, el sentido de identidad, la personalidad, los miedos, la figura paterna, la necesidad, influyen notablemente a la hora de determinar la zona de fractura. Haciendo una analogía con el animal, si el sujeto siente temor huye, crea resistencias o entra en un estado letárgico, que no sirve para la terapia. Si es sorprendido, superado. Por lo que puede suponer un conocimiento superior o una mente superior. Entra en estado hipnótico. Ese instinto animal, le hace dejar su mente en blanco. Y la censura de su consciente queda anulada, pasando a ser dirigido por el hipnólogo, que continúa con las sugestiones para penetrar en el ámbito subconsciente. La pericia y la observación le ayudarán a determinar el momento justo de la fractura.

Una forma técnica y simple sin complicaciones, para el principiante, es saturar el consciente con estímulos exteriores.

Procure superar los 7 estímulos a la vez, así provocará la regla de Miller. Un profesional con experiencia debe conocer perfectamente cómo detectar el momento de la fractura.

Zona de fractura y momento de la fractura

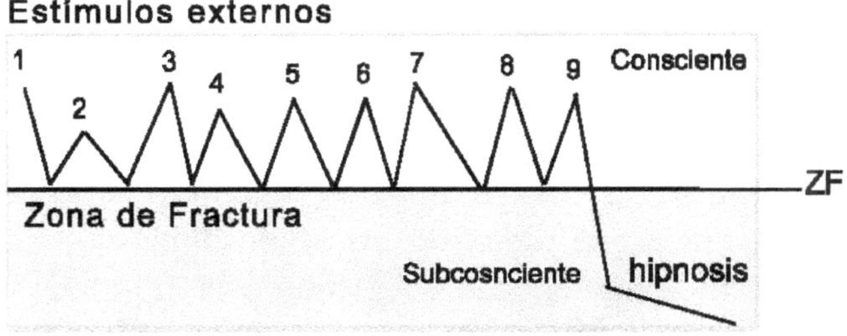

Para determinar el momento de la fractura es preciso comprobar lo siguiente: La respiración del sujeto –se produce un cambio de ritmo, a más profundo– La sudoración de las manos –disminuye o están secas– Si tiene los ojos cerrados –picor en los párpados o movimiento ocular hacia arriba– Color de la piel –más rosada– Rostro –rictus o media sonrisa– Ojos abiertos –muy fijos y pupilas muy dilatadas– De esta sintomatología, las más importantes o dominantes son: el comportamiento de la respiración y los ojos.

Respiración: Si el paciente tiene los ojos cerrados, y se produce un cambio en la respiración, observe los demás síntomas. Si se producen dos o tres concurrentes. Ya está en el momento de la fractura.

Ojos: Si el paciente tiene los ojos abiertos, y ante las sugestiones, quedan fijos. Siga dando sugestiones de ojos fijos y observe las pupilas durante cinco a diez segundos. Si comprueba que las pupilas se dilatan y se agrandan cada vez más. Y las manos están secas o la respiración cambió. Ya está en el momento de la fractura.

En ese punto debe dar sugestiones de dormir, repetidamente. Si su comprobación es correcta, el sujeto estará rápidamente en trance utilizando, por ejemplo; la técnica de las manos pegadas, o cualquiera de las que presento en el libro. Si utiliza la técnica de las manos pegadas, en cuanto el sujeto compruebe que no puede despegar las manos, –Ante la expresión de sorpresa dígale: –Míreme... fijamente a los ojos... fijamente... míreme a los ojos... Fijamente.... –Y usted fije su mirada con convicción, y observe las pupilas del sujeto. Cuando los ojos, estén fijos y las pupilas muy dilatadas... ¡Es el momento! Y cambiando su tono de voz dígale: – Dueeeerma.... Dueeeerma...... Dueeeerma... Aquí, ya tiene al paciente en hipnosis nivel 1 o 2, siga con las sugestiones de profundización hasta llevarlo al nivel profundo, si lo necesita.

Es importante que recuerde estos síntomas o señales que nos revelan el momento en que se produce la fractura. Muchos terapeutas no están familiarizados con estas señales, y si el paciente sonríe en un momento de la inducción, dan todo por perdido. Y allí comienza el fracaso del terapeuta, por que pierde la confianza en sí mismo. ¿Por qué puede tener un rictus o sonreír levemente el paciente? Simplemente porque está comprobando que las sugestiones se están produciendo. Es frecuente esta situación, en personas que desconfían o no creen en la hipnosis.

Hace unos años estaba en consulta, con dos alumnas en prácticas. El paciente que debía tratar era la primera vez que le atendía. En cuanto entró, a la consulta me manifestó que no creía que yo le pudiera hipnotizar. Le dije que no dependía de mí, sino de él, y que, si oponía resistencia, yo no le podría hipnotizar. Le propuse hacer un test para ver qué nivel de resistencia oponía.

Le dije: −Ud. Opóngase a todo lo que yo le diga. ¿De acuerdo?... −Sí me respondió. −Entonces le dije: −Ahora no preste atención a nada de lo que yo le diga. Solamente piense en que Ud., no quiere ser hipnotizado. ¿De acuerdo?. −De acuerdo. −Ahora relaje todo su cuerpo y cierre los ojos.... Como yo preveía, no cerró los ojos y tensó todos sus músculos. −Cierre los ojos...... ponga tenso todo su cuerpo...... Como yo preveía mantendría los ojos abiertos y relajaría su cuerpo. Y continué: −Ahora relaje más su cuerpo y cierre los ojos.... Así continué durante diez minutos. Haciendo que se pusiese tenso y relajase. Hasta que observe que sus pupilas estaban enormes. Entonces poniendo mi mano en sus ojos le ordené: −No duerma.! Y Tense sus músculos.... ¡No duerma! Y tense sus músculos.... Como usted ya comprendió. El paciente, había entrado en trance. Le llevé a un estado profundo y le di un código post hipnótico, para la siguiente consulta. Que consistía en que: cuando se sentara en el sillón de terapia, instantáneamente estaría hipnotizado. Así sucedió. Ahora se preguntará, porque actué así. Simplemente porque el paciente era desconfiado y desafiante. Yo sabía que haría todo lo contrario a lo que le ordenara. Debido a su personalidad. Sabía que si le decía relaje, se pondría tenso, si le decía cierre los ojos, los abriría. Por eso le dije −Ud. opóngase a todo lo que yo le diga−, de esa forma ya estaba creando en él una confusión. Y le predisponía a esforzarse a hacer lo contrario. Además, utilicé sugestiones negativas, −recuerde que la mente no interpreta la negación como tal−

–Ud., no quiere ser hipnotizado– – ¡No duerma y tense su cuerpo!
–

Capítulo 14

Modelos de Inducción

El Camino Secreto del Yo, le enseña a utilizar la inducción como herramienta básica, en la construcción del estado hipnótico. Para acuñar en el subconsciente, todas las sugestiones de reprogramación o modelado de conducta deseados. Si a cualquier persona le damos un bloque de piedra, un cincel y una maza. Probablemente no sepa qué hacer con ellos, pero si con su consentimiento, le enseñamos a esculpir la piedra, según las técnicas del arte. Con el tiempo, podría ser un escultor como otros, lo que no le podremos enseñar, es a crear una obra de arte, y en el futuro podrá ser un escultor excepcional o un cantero muy refinado.

La hipnosis es una herramienta muy poderosa, yo le puedo enseñar a utilizarla. Pero solo con su práctica y perseverancia, aprenderá a manejar con destreza la herramienta. Saber tallar la piedra, nos per-mite penetrar en sus secretos. Con la inducción hipnótica, penetrará en la profundidad del subconsciente, y aprenderá a quebrantar y modificar pautas de comportamiento, para generar nuevos recursos, nuevos patrones de conducta, y obtener el éxito terapéutico.

Existen varios modelos de inducciones, Pueden ser verticales, dominantes, paternales u horizontales, permisivas, maternales. Estudiaremos en este capítulo los diferentes modelos de inducción y los modos en que funcionan. Por diferente que sea una inducción de otra, el objetivo y resultado final siempre será el mismo.

Relajación total de cuerpo y de la mente

- ✓ Limitar el centro de atención –evitar sonidos y visión periférica–
- ✓ Bloquear los estímulos externos e internos
- ✓ Focalizar las sensaciones internas
- ✓ Obtener el estado de trance

La inducción de fijación

Es el resultado de hacer concentrar la atención, del paciente en un punto de interés muy limitado, como un péndulo, un punto en la pared, o una vela. Cuando se concentra en el punto de fijación, su atención es desviada. Abstrayéndose de las imágenes y sonidos externos. Su atención se fija en el objeto. Esta inducción puede tardar segundos, o puede requerir veinte o treinta minutos, dependiendo de su susceptibilidad. Para utilizar esta inducción, puede utilizar un punto en el techo, un péndulo, una linterna, una luz, o una vela. Póngase en una posición cómoda, encienda una vela y mire fijamente la llama mientras se quema y parpadea. Centre su atención únicamente en la llama. La inducción comienza así: –Mire fijamente la vela, observe como arde y parpadea la llama. Mantenga los ojos fijos en la llama, sin parpadear, y concéntrese en ella. Observe a la llama parpadear y mantenga los ojos sobre la llama. Mientras mira fijamente arder la llama, sus ojos se volverán pesados, se volverán pesados, y sus ojos se harán más y más pesados... y más pesados... más pesados... hasta que se cierren.

Inducción rápida

En esta inducción, se utiliza la sorpresa, e inhibición de la mente racional, mediante órdenes breves y rápidas, como las siguientes: Tocando al paciente, en los hombros y cabeza, se le dice: Cierre los ojos. Y llevando su cabeza hacia delante se le dice: Baje la cabeza y haga que su mentón toque su pecho. Levantando su brazo derecho, le decimos: Levante un brazo hasta el nivel del hombro.

Cuando sienta que su brazo está muy liviano y flota, entonces estará en trance. Esta inducción resulta efectiva en la mayoría de los sujetos medianamente sugestionables. A otros puede resultarles demasiado brusca y nada relajante.

La inducción rápida se utiliza en demostraciones, de cursos, seminarios, pero en especial, en la hipnosis teatral. Es decir, que un hipnotizador que está ofreciendo una demostración, puede dar una prueba de susceptibilidad a una audiencia, hipnotizando rápidamente a varias personas a la vez. El efecto sorpresa es fundamental y la sugestión se hace colectiva. Entonces el hipnotizador utiliza la inducción rápida con estos sujetos sumamente sensibles para realizar un espectáculo impactante.

En la práctica privada, como terapeuta utilizo la inducción rápida en algunos casos, para condicionar al paciente y facilitar la hipnosis en la siguiente consulta, ganando tiempo. Pero por lo general no se utiliza en terapia.

Inducción indirecta

No utiliza ninguna orden directa, es sutil. La inducción se realiza a través del uso de historias, analogías y metáforas. Este enfoque de la hipnosis funciona particularmente bien con individuos que se resisten a técnicas directas. Es una técnica que estaría dentro del concepto de subliminal, nadie puede rechazar una sugestión, que no sabe que está recibiendo. Por eso esta inducción, funciona muy bien con individuos que se resisten a técnicas directas. Un ejemplo de este tipo de sugestión es el siguiente: −Conocí un montañés que bebía y jugaba mucho... durante años talaba su propio bosque, sin reparos... despilfarrando su dinero y su salud... un día se quedó sólo... Con el tiempo, las lluvias arrastraron piedras y tierra montaña abajo... Hasta cubrir el terreno que rodeaba su cabaña... Dejó que todo se le viniese encima... fueron tiempos duros... de soledad y sufrimiento... solitario, aburrido... melancólico... echaba de menos sus afectos y el bosque... Hasta que un día tomó la decisión más importante de su vida... decidió replantar los árboles talados... Fue poco a poco... le costó mucho tiempo y trabajo... pero fue recuperando su bosque. Y con el tiempo... sus afectos... y construyó una nueva cabaña... más acogedora... más cálida... donde florecieron nuevos vínculos... de comprensión... de tolerancia... y de amor...− En esta, metáfora del montañés, construí el argumento haciendo una analogía con la profesión de carpintero del paciente −todo carpintero valora la madera y los bosques− Se había divorciado, por razones de juego y alcohol, sin ser un alcohólico perdido, afectó su relación familiar hasta el punto de llegar al divorcio. Su consulta estaba referida a la soledad, al sentimiento de culpa, y a los miedos de formar otra pareja.

Después de seis meses formó una nueva familia. Esta es una demostración de cómo se puede hacer una inducción indirecta. Esta técnica aplicada a la hipnosis terapéutica se le atribuye a Milton Erickson, porque fue quien la popularizó en terapia. Sin embargo, personalmente opino que esta técnica se utilizó desde los tiempos más remotos, para provocar inducciones reflexivas para modificar conductas en la gente. Como ejemplo tenemos, las parábolas de la Biblia, las fábulas y cuentos infantiles etc. Las inducciones indirectas, son muy efectivas y se adaptan a todas las personas, mayores y niños desde los seis años. En el caso de los niños podemos crear historias con personajes de dibujos animados, animales etc. Milton Erickson, sin lugar a dudas, fue un maestro en utilización de la metáfora.

Inducción por relajación clásica

Relaja en forma sistemática cada músculo del cuerpo. Representa un papel fundamental la respiración y su ritmo. Para ello nos remitiremos, a la técnica de respiración relajante. La relajación puede empezar en la coronilla y continuar hacia abajo, o puede comenzar en los dedos de los pies y proseguir hacia arriba. La inducción es simple y fácil de utilizar cuando se hipnotiza a otros o se practica auto hipnosis. Ejemplo: Respire profundamente, cierre los ojos... Respire profundamente otra vez... y comience a relajarse... Concentre su pensamiento en su pie izquierdo... y relájelo bien relajado... ahora haga lo mismo con el pie derecho... Así se continúa hasta relajar todo el cuerpo. Y luego se profundiza el trance.

Inducción por relajación progresiva

Si la persona es muy tensa y no consigue relajarse bien. Es muy recomendado su empleo, para el control del estrés e incorpora la relajación física y mental.

Está técnica de relajación es apropiada para relajar zonas específicas del cuerpo, hombros, pecho, piernas, etc. La Inducción de relajación progresiva relaja los principales músculos del cuerpo a la vez, concentrándose primero en el cuello tenso, luego en los hombros, después en la región lumbar, y así sucesivamente. Cuando la utilice, puede empezar por cualquier parte del cuerpo, en algunos casos resulta más efectiva, comenzando a relajar la parte del cuerpo más alejada del punto más tenso. Puede empezar por la cabeza y descender por su cuerpo, o comenzar en los pies o en cualquier otra zona del cuerpo. El ejemplo de la inducción de relajación progresiva para relajar su zona lumbar, sería así: –Póngase cómodo. Concéntrese en su pie y tense su pie derecho. –pausa––Ahora relaje su pie... –pausa––Contraiga su pie derecho, ténselo más... –pausa––Ahora relaje su pie derecho... –Repita tres veces la misma rutina––Ahora concéntrese en su pie izquierdo. Tense su pie izquierdo... –pausa––Ahora relaje su pie izquierdo... –Repita tres veces la misma rutina––Ahora concéntrese en su pierna derecha... etc. Ascendiendo hasta llegar a su zona lumbar... Con independencia de dónde comience, cada músculo importante en cada zona del cuerpo es tensado y relajado tres veces. En el momento en que se haya cubierto todo el cuerpo, usted debería estar completamente relajado.

Técnicas hipnóticas

Para el proceso de inducción se utilizan dos técnicas fundamentales: la técnica vertical y la técnica horizontal. Las características de estas técnicas difieren radicalmente, y cada una se aplica en situaciones diferentes y con sujetos diferentes.

Técnica vertical

También llamada autoritaria o paternal, es imperativa y directa. Mediante el uso de sugestiones y órdenes repetitivas, establece la ascendencia sobre el sujeto.

Es la técnica tradicional y se empleaba desde los inicios experimentales de la hipnosis, porque los hipnotizadores y médicos de la época, creían que la autoridad que tenían sobre las personas aumentaba su probabilidad de éxito. Y esto es verdad. Si la persona ve al hipnólogo como una figura de autoridad, puede tener mayor facilidad para entrar en trance.

La expectativa por medio de la autosugestión, aumenta las probabilidades de éxito. Así sería una inducción con técnica autoritaria: −Hablando con autoridad−−A partir de ahora, usted escuchará mi voz y solo mi voz, ni los ruidos, ni la luz, le molestarán, solo escucha mi voz, mi voz le relajará muy profundamente. Yo quiero que se relaje profundamente. Respire profundamente, más profundo, y en tanto sigue respirando, con cada respiración se relaja más y más...

Cuando sienta que su cuerpo pesa... Aceptará todas mis órdenes y responderá a la sugestión que yo le hago. Ahora dejará de fumar Ahora dejará de fumar... Esa es mi orden... y esa orden es su deseo, y cumple con mis órdenes con agrado... por su bien por su salud...

Esta sería una muestra básica de una inducción autoritaria o paternal, los individuos que son más sensibles a la técnica autoritaria son aquellos que responden bien y tienen gran respeto por las figuras autoritarias en la vida cotidiana. Por lo general no funcionan con personas muy imaginativas y creativas. Se adaptan mejor a abogados, policía, militares, personas acostumbradas al orden, y rigor. Tienen un carácter vertical.

Los síntomas que pueden tratarse utilizando esta técnica, tiene relación con conflictos personales derivados de ansiedad, tensión familiar, obesidad, malos hábitos, emoción reprimida por la figura paterna, o de algún hermano mayor, inseguridades y miedos derivados de esas relaciones etc. En especial todo tipo de conflicto originado en la infancia. Ya que la figura paterna impone respeto y autoridad.

Cualquier miedo que haya comenzado en la infancia, como el miedo a estar solo o el temor a la oscuridad, puede reducirse o eliminarse por medio de la regresión a través de la técnica autoritaria.

Técnica horizontal

También llamada, permisiva o maternal emplea un tono de voz más suave, seductor, susurrante, para llevar al individuo a la relajación. En contraste con la técnica autoritaria, el hipnoterapeuta y el sujeto están en un mismo plano.

Por lo tanto, tiene un carácter horizontal. Cuanta más fantasía utilicemos en la inducción para realzar las sugestiones, mayor será la respuesta. –Utilice un tono de voz suave––Cuando escuche mi voz, permítame que le guíe... a conseguir una relajación agradable... Y cuando se relaje más y más profundamente, imagínese en un lugar tranquilo. Puede ser en un prado, un río, en la playa o en las montañas. Cualquier lugar es adecuado. Imagine que usted se siente muy bien en ese lugar. Y ahora continúe relajándose más profundamente, y cuando se relaja más profundamente, siente que comienza a sentirse en paz, con salud, libre, y nace en usted, un deseo de eliminar todo lo que le hace daño a su salud... en tanto disfruta de ese estado especial... se da cuenta que ya es un no fumador... Los individuos más sensibles a esta técnica son aquellos más imaginativos y creativos.

Esta técnica tiene éxito en particular con individuos que se fijan objetivos, que valoran los logros personales, son muy sensibles, a veces bohemios, muy personales en sus costumbres, naturistas, espiritualistas etc.

Inducción con la Técnica de los cinco puntos

Entregue a la persona, la cartulina de los cinco puntos, que utilizó en la técnica de concentración, y dígale que la mantenga, a una distancia de 30 cm, de los ojos

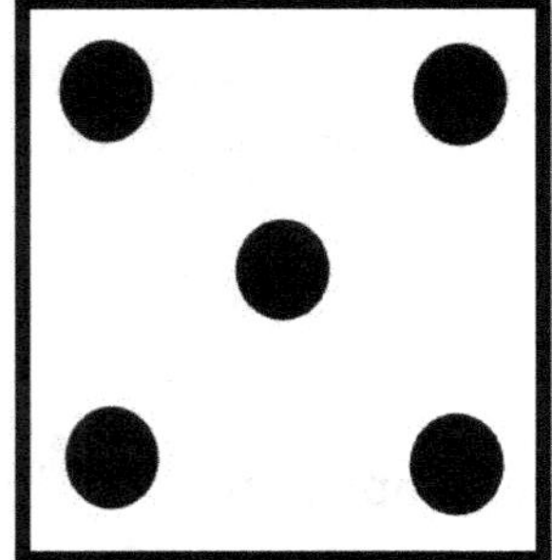

En tanto le da las sugestiones siguientes: Por favor mire fijamente, los cinco puntos que hay en la cartulina... no aparte la vista de los cinco puntos... no aparte la vista de los cinco puntos... no aparte la vista de los cinco puntos... ¿Me ha comprendido?... Sólo escuche mi voz, sólo mi voz....

Mire fijamente los cinco puntos... y perciba ahora como un halo de color blanco... aparece al lado de los puntos... un halo de color blanco... aparece al lado de los puntos... un halo de color blanco... aparece al lado de los puntos... Y a medida que ese halo se hace mayor... Usted comienza a entrar en un estado especial... entra en un estado muuuy especial... entra en un estado muuuy especial... entra en un estado muuuy especial... Su respiración cambia. de ritmo... Sus ojos peeesan... siente somnolencia... Siiiga mirando los cinco puntos... el halo cambia... puede cambiar ahora a un color diferente... y usted comienza a sentir máas somnoleeencia... máaas somnoleeencia... sueeño... sueeño... sueeño... −Cuando las palabras aparecen estiraaaaadas... debe cambiar el tono de voz−

Así continuará con las sugestiones, hasta que el paciente cierra los ojos. En ese momento debe profundizar el trance. Esta técnica es muy rápida. No deje de dar sugestiones... de relajación, pesadez, sueño, tranquilidad. Continuamente durante cinco minutos. Seguidamente profundice el trance haciendo descender a la persona por la escalera. Como en la inducción clásica, que veremos más adelante. Esta técnica es apropiada para personas visuales y auditivas.

Nunca retire la cartulina de la mano del paciente antes de que esté en trance. Generalmente la relajación muscular, hace que la cartulina caiga sola. En casos de personas muy tensas quedan en estado de catalepsia muscular. Y es conveniente ayudar suavemente que baje el brazo.

Capítulo 15

Lenguaje y Voz Inductiva

Lenguaje

En la terminología y lenguaje de una inducción, están las armas estratégicas que utilizamos para transformar la realidad interior del individuo. Es la forma en que comunicamos nuestras sugestiones y sensibilizamos el subconsciente. Para concentrar su atención en las sensaciones internas y externas de nuestro cuerpo. Movilizar sentimientos, por medio de la imaginación creativa y generar nuevos patrones de comportamiento, en el plano subliminal.

Los creadores de la Programación Neurolingüística (PNL), J. Grinder y Richard Bandler, fueron los primeros en descifrar las claves del lenguaje hipnótico. En la década de los ochenta, observaron a los más prestigiosos terapeutas e hipnoterapeutas, en sus formas de comunicación. Encontraron patrones comunes en las técnicas hipnóticas. Entre sus observados estaba Virginia Satir, Milton Erickson, Fritz Perls, entre otros.

La buena comunicación hipnótica es la que determina el éxito o el fracaso de una inducción. Veremos el tipo de lenguaje que utilizaban los terapeutas observados.

Sinónimos

Los sinónimos nos permiten, no ser redundantes y a la vez dar más efectividad y continuidad a las sugestiones. Se utilizan como refuerzo cuando se describe el estado que se desea alcanzar. Por ejemplo: –Usted se siente en clama, en paz, sosegado, relajado...–

Las sugestiones de vínculo débil

Utilizan conjunciones, para conectar fenómenos que no tienen relación entre sí, enlazan para reforzar la comprensión y asegurar la retención. Por ejemplo: –Deje que la música inunde su mente -y deje que la relajación fluya a través de su cuerpo -y- sienta la sensación de paz -y-de calma... Que invade su mente...–

Sugestiones de vínculo medio

Crean expectativa y preparan al sujeto para generar la autosugestión, se utilizan palabras como mientras, al, cuando, durante y a medida que, para enlazar frases y conectarlas en el tiempo. Como ejemplo vemos el siguiente: –Mientras escucha mi voz y se relaja más... puede empezar a entrar en trance... y a medida que respira... con cada respiración... profundiza el trance...––Cuando cuente de uno a cinco... al llegar a cinco usted percibirá los beneficios de esta relajación–

Sugestiones de vínculo fuertes

Estas sugestiones de vínculo fuertes, utilizan palabras que afirman, que algo se produce. Son conductistas las palabras tales como: hace que, se hace, fuerza que, causa, etc. Ejemplo: –Los brazos están muy pesados. Y la pesadez de sus brazos hace que entre en trance rápidamente...

Siempre se debe comenzar por un enlace débil, seguir por el enlace medio y culminar con el enlace fuerte. Eso hace que progresivamente, el sujeto vaya comprobando que algo está ocurriendo. Eso provocará, que cada vez sea más potente nuestra sugestión. Si el sujeto siente pesadez en el brazo, y le decimos que esa pesadez le hará que entre en trance, el trance se producirá. El enlace sirve para que el sujeto asocie sus sensaciones con nuestras sugestiones. Y acepte, lo próximo que le digamos.

Palabras de vínculo

Las palabras de vínculo, también llamadas transición o conectivas tienen dos funciones: Mantener una continuidad en la verbalización, para que no sea interrumpida y preceder a una orden, o adverbio. Ejemplo: –Y ahora cierre los ojos. Y relaje todos sus músculos... –Y ahora respire profundamente y relaje sus brazos, y sienta una sensación de calma que invade su cuerpo...– Las palabras de vínculo, sirven para crear y mantener la expectativa.

Palabras vínculo reforzantes

Utilizamos la conjunción –o– como una opción enmascarada, para no fallar en la respuesta de la sugestión. Para que el sujeto reciba la sugestión de cualquier forma. Ejemplo: –Su respiración se hace más calma, más tranquila o, al contrario– –Perciba la sensación de hormigueo en su pie derecho o izquierdo–

Afirmaciones temporales.

Se utilizan para realzar y enfatizar. Por lo general indican el momento en que la sugestión comienza o el momento en que finaliza. Por ejemplo, –Y ahora cuando toque su frente... sentirá que le invade una sensación de somnolencia––Por la noche dormirá profundamente... y por la mañana se despertará relajado... muy descansado...–

Estas frases inductivas son básicas para producir un estado hipnótico. En cursos de hipnosis en vivo, enseño otras formas de lenguaje más complejas.

Importancia de la voz hipnótica

Cuando cursaba el bachiller recuerdo a un profesor de historia antigua, que mientras nos daba la clase, hablaba pausada y monótonamente, al cabo de diez o quince minutos, muchos de los alumnos dormíamos placenteramente. Lo mismo ocurre en la iglesia. En el congreso de los diputados. Observen cuantas personas duermen, al ritmo de las oraciones o discursos de los políticos. Muchas personas poseen naturalmente una voz con un tono, y modulación plana, sin inflexiones, que de por sí son hipnotizantes. La voz por sí sola puede producir un estado de trance. Por lo tanto, entrene su voz. La voz puede ser enérgica e imperativa, o puede ser sedante y melódica. Antes de grabar su propia inducción, tenga en cuenta lo siguiente: La voz para la inducción básica en general puede ser monótona o rítmica. La voz monótona permite que su atención llegue a estar centrada internamente, porque no hay nada que le distraiga.

Una voz monótona carece de inflexión o de variedad en tono o volumen. Suena como un murmullo monótono al decir: –Usted continuará relajándose, y ahora dejará que todos los músculos de su frente se relajen, y sentirá a esos músculos lisos y relajados–. La voz rítmica tiene una modulación cadenciosa, melódica, le induce al trance sutilmente y sosegadamente. Permite enfatizar las órdenes y sugestiones de forma más dulce. Por ejemplo: –Más profundo. Más profundo... más profundo hacia la relajación total...–

El énfasis

El énfasis, se utiliza para reforzar las sugestiones. A veces las palabras se deforman para lograr un efecto especial. Por ejemplo: −Sienta sus músculos floooojos y relaaaaaajados, sienta los músculos de su cuello floooojos y relaaaaaajados, están muuuy relajaaaados...− El alargamiento de las palabras, da un efecto de sugestión muy efectivo. Al alargar las palabras el tono de voz cambia, y subconsciente identifica el inicio o final de una sugestión.

Tono elevado

Cambiando el tono de la voz, también cambia su nivel. El tono elevado, se emplea cuando damos una sugestión de programación o post hipnótica. Ejemplo: − ¡Y partir de ahora no te comerás las uñas! −

Ritmo constante

El ritmo constante se establece mediante el uso de palabras de vínculo. Por ejemplo: −Siéntase en calma y continúe relajándose y relájese más profundamente y sienta todo su cuerpo liberado de la tensión y más profundamente relajado...− La continuidad en la verbalización de la inducción, conduce al trance, recuerde que cuando más continuo sea el estímulo, más fácilmente entrará en trance el sujeto. De esa forma impedimos que se disperse su atención.

La pausa

La pausa tiene por objeto, dar tiempo a responder, a una sugestión. Por ejemplo: −Ahora imagine una escalera con diez escalones. −Pausa− Y comenzará a descender... escalón por escalón −pausa− Es necesario conceder un tiempo adecuado a cada respuesta. Para que la mente reaccione correctamente ante las órdenes o sugestiones, de lo contrario la inducción al trance o la relajación total resultará imposible.

Tenga en cuenta que para que una sugestión haga efecto, la mente tiene que realizar el feedback, o sea, recibir la información, procesarla, analizarla. Luego ordena comprobar, que aquello que le estamos sugiriendo, produce los efectos que decimos. Ejemplo: −Perciba la presión que hace su zapato, en su pie derecho−

Si la comprobación es correcta, vuelve al cerebro, y deja abierta la puerta para otra sugestión. Si detecta una incongruencia, en la comprobación, rechazará la sugestión. Por eso es fundamental que las sugestiones, al principio sean comprobables. Por tanto, use sugestiones obvias. Ejemplo: −Perciba la sensación de su cuerpo... en el sillón... perciba como se mueve su pecho, al respirar... afloje la mandíbula... y perciba como se libera la tensión... entreabra la boca− En todos los casos deje unos segundos de pausa entre sugestión y sugestión, así la mente tiene el tiempo necesario de procesar la información. Tenga en cuenta que cada persona procesa la información a una velocidad diferente

Capítulo 16

Cronología de una Inducción

Toda inducción cuenta de cuatro pasos

- Descenso
- Profundización del trance
- Programación -Ascenso

Siempre el inicio de la inducción, procurará la relajación, física y mental. El argumento de la inducción lo crea el hipnólogo o la persona que practica auto hipnosis, de acuerdo a su creatividad. Como ejemplo podría comenzar así: −Cierre los ojos, haga tres respiraciones profundas, y empiece a relajar su cuerpo Simplemente piense en relajar cada músculo de su cuerpo... dejándolo flojo... pesado como un saco de arena... Al centrar la atención en su respiración y en sus sensaciones internas, su conciencia exterior disminuye, y al respirar profundamente, utilizando las técnicas de respiración para inducción ya conocidas, le lleva a usted a ser consciente de sus sensaciones internas.

Al relajar su cuerpo, su pulso se desacelera, su respiración se hace más serena, usted comienza a sentirse a gusto, cómodo y puede dirigir su atención a las sugestiones que se le hacen.

Relajación sistémica

Relaje y suelte todos los músculos de su rostro, afloje mandíbula, entreabra la boca; y descargue la tensión acumulada... Para usar la relajación sistémica, tiene que relajar cada músculo de su cuerpo, así su mente también llegará a estar en calma. La relajación profunda sensibiliza el subconsciente para recibir las sugestiones.

Analogía de relajación

Cree una analogía al imaginar. Si usted imagina y visualiza, una situación, siempre tendrá más efectividad. –Imagine su cuerpo flojo como un globo desinflado... perciba las sensaciones en sus músculos... Está como un globo desinflado... y es consciente de la relajación profunda que logra...– La imagen del globo, como cualquier otra imagen, facilita la relajación. Todos conocemos el aspecto de un globo desinflado, blando muy liviano, esto es una imagen analógica. De esa forma cualquier sensación corporal o imaginaria que percibe, acelera la sugestión. Otra imagen analógica sería, la sensación de liviandad, y podría utilizarse la imagen siguiente: –Imagínese liviano como una pluma... se siente más y más liviano, flotando y elevándose más y más alto hacia un estado confortable de relajación.

Profundizar el trance

Imagine una escalera con diez escalones. Hay diez escalones que le conducen a un lugar especial, donde usted encontrará muchas respuestas, que está buscando... respuestas para su mejora personal... En un momento contaré de diez a uno y comenzará a descender... y a medida que desciende escalón por escalón... su cuerpo se relaja más y más, déjese llevar hacia abajo, sienta su cuerpo relajado a medida que desciende hacia abajo, con escalón que baja, se relaaaja... aún máaas profundamente, diez, reláaajese aún máaas profuuundamente, nueve... ocho... siete... seis... cinco... cuatro... tres... dos... uno... más profundamente, más profundamente...

Para profundizar aún más el estado de trance, se emplea otra cuenta de diez a uno. Usted cuenta hacia atrás desde diez a uno cuando el trance se profundiza y hacia delante, desde uno a diez cuando regresa a la plena conciencia.

Imaginar una escalera, es lo más común y recomendable, puede ser una escalera mecánica o cualquier otra imagen que pueda ayudarle a descender. Siempre procure imágenes que no le vayan a provocar inquietud. Si está haciendo una inducción a otra persona, es recomendable no utilizar, imágenes como la de un ascensor, o un túnel, porque las personas que sufren sin saberlo de claustrofobia, ansiedad en túneles, o miedo a la oscuridad, no conseguirían entrar en trance.

Cuando en el descenso, llega a nueve o diez, por lo general se siente una sensación de flojedad o rigidez en las extremidades.

Su atención queda focalizada y limitada a las sugestiones. También experimentará una intensificación del proceso creativo. El mundo exterior quedará excluido. En este momento cuando llegamos al final de la cuenta, es cuando debemos poner en acción, las –sugestiones de imágenes– que sumergen al sujeto a un estado de –abulia mental–, que ayudará a profundizar más el trance.

Programación

Después de conseguir el trance profundo, llegamos al momento más importante. La programación. Donde será más efectiva cualquier orden o sugestión dada. Siempre que no esté reñida con sus creencias, código moral, o valores espirituales. La mejor forma de hacer la programación cualquiera sea ésta, es creando imágenes. Le decimos al paciente que imagine un lugar especial. Imaginar un lugar especial, ayuda a desconectar la mente consciente, de la verdadera intención. Cual es, la de crear una imagen mental, para que las sugestiones de programación sean más efectivas.

Si la imaginación y rica, se pueden sentir sensaciones y olores. Ejemplo: –Al final de la escalera hay una puerta... que le conduce a... –inserte aquí, una descripción de su lugar especial– Está solo y no hay nadie que le moleste.

Ese lugar es para usted, el rincón más apreciado, de paz y tranquilidad–

El lugar especial que elegirá será uno que sea único para usted y su experiencia. Y si está haciendo la inducción a otra persona, le dirá que imagine, su lugar especial, o bien le guiará hacia un lugar apacible sin riesgos. Un campo verde lleno de flores, una caminata por la playa, una cabaña en la montaña.

Evite mencionar los bosques, muchas personas temen a los bosques desde la infancia, no mencione lugares que den sensación de encierro, que pueda generar miedo en personas con claustrofobia, o con algún recuerdo desagradable, por asociación de una experiencia pasada. Recuerdo una vez que estaba hipnotizando a una joven de dieciséis años, que quería mejorar su autoestima y su voluntad para el estudio, después de profundizar el trance, guiándole a encontrar un lugar, le hice imaginar un camino muy bonito, donde al fondo había árboles frondosos, continué con las sugestiones de guía, diciéndole; –Camina por el sendero... y mientras caminas ves al fondo árboles, frondosos, son muy bonitos, hay pinos, cedros, hay muchos árboles, acércate más... Vamos a entrar entre los árboles buscando un lugar con sombra.. Para que descanses... –poco a poco le fui haciendo acercar a los árboles, y que entrase en el bosque. Inmediatamente comenzó a sudar y a temblar. Ante las manifestaciones de displacer, le hice salir, comprendí que se trataba de alguna mala experiencia, entonces; le hice volver y salir del trance.

Le pregunté que le había sucedido, y me contó que no podía mover-se por el terror que sintió. Recordó cuando era niña a los 7 años, fueron a jugar con una amiga, a un bosque cercano a la casa de su amiga, con muchos árboles, pinos y cedros... y se perdieron. Les encontraron por la noche, la policía acompañaba a sus padres desesperados. Aquella experiencia infantil, le marcó para siempre. Posteriormente le hipnoticé haciendo que ella eligiera el lugar. Después de seis sesiones, cuando su confianza en la hipnosis se afianzó, volvimos al lugar de los árboles, para que superara ese miedo, felizmente para ella, lo superó.

El lugar especial puede ser uno que realmente haya conocido o uno que imagine. También puede crearlo el hipnólogo cuidando de utilizar, escenarios que no creen resistencias. Puede ser su rincón favorito en su casa. El lugar no tiene que ser real. Puede ser una fantasía. Su lugar especial debe ser uno en el cual pueda estar solo y debe producir en el sujeto o en usted una sensación positiva. Es en este lugar especial, donde tendrá una receptividad acentuada a sugestiones de programación. Es decir, una vez que se llega a ese estado de calma, de serenidad espiritual, será sensible a las imágenes, que reforzarán cualquier sugestión de programación y post hipnótica.

Ascenso

Después de la programación, se deja estar dentro del lugar especial, al sujeto. Durante unos segundos o unos minutos, según la necesidad, luego contará de uno a diez y comenzará a regresar a la plena conciencia, volver a sentirse renovado como si hubiese estado descansando placenteramente. Empiece a regresar ahora.

Uno... dos... subiendo, tres... cuatro... cinco... seis... siete... ocho... nueve... y diez, abra los ojos, sintiéndose... En plena forma...y muy tranquilo... A gusto... sin molestias... en paz... Recuerde que al salir del trance lo debe hacer lenta y suavemente, siempre al terminar la inducción, debemos incorporar sugestiones de bienestar, de satisfacción, de felicidad, para evitar alguna molestia debida a veces a un regreso demasiado rápido, que podría causar somnolencia o dolor de cabeza. En el supuesto, que ocurriera eso, deberá poner al paciente nuevamente en trance y realizar el ascenso más lentamente. Dándole sugestiones de bien estar y de calma.

Recuerde siempre borrar los códigos post hipnóticos, que no sean necesarios para la próxima sesión. Diciendo: olvidará totalmente la orden... tal o cual... esa orden una vez que abra los ojos no tendrá efecto. Esto es muy importante tener en cuenta, para que la persona luego se desempeñe naturalmente.

Grabación de la inducción

Para que su aprendizaje de la hipnosis, sea eminentemente práctico y experimental. Es conveniente que usted, practique una auto inducción, Para conocer los efectos benéficos de la inducción. Al comienzo, hasta que usted adquiera práctica es imprescindible grabar la inducción, con su voz. De esa forma le resultará más fácil practicar la inducción. Esto le facilitará después realizar inducciones, en forma directa a otra persona, porque habrá aprendido a marcar los tiempos precisos de la inducción, el énfasis, las pausas, y las dramatizaciones.

La cronología anterior le ha permitido comprender los pasos a seguir en la inducción clásica Los pasos describían cronológicamente la inducción desde un estado de vigilia en tensión a un estado de trance profundo. Ahora ya está preparado para hacer una inducción completa.

Antes de efectuar la grabación, es preciso que haga lo siguiente:

Lea la inducción en voz alta varias veces, con el objeto de llegar a estar familiarizado y cómodo con su contenido. Si tiene dificultades porque su lengua es un poco dura, coloque un lápiz en la boca y lea nuevamente la inducción tres veces, sin sacar el lápiz de la boca, luego vuelva a leer sin el lápiz y comprobará como su lengua se afloja. También tenga en cuenta que su grabación insumirá unos treinta y cinco minutos aproximadamente.

Cuando esté conforme con su interpretación de la inducción y con el tiempo que requerirá. Ponga un fondo musical suave de flauta, piano, sin coros, o un metrónomo. Y comience la grabación del principio hasta el final. Beba agua, vaya al aseo antes de comenzar, ya que no puede hacerla en tramos, por que perdería continuidad. La posición corporal de sentado o recostado, la ropa floja, es importante para que la grabación salga bien.

Si usted se mueve mucho se notará en la grabación, si su respiración es corta dará la sensación de nerviosismo. Igual que un actor interpreta su papel usted debe hacer lo mismo.

Dé vida a su inducción. ¿Cuántas veces sintió un nudo en la garganta viendo una película? Si usted consigue transmitir la emoción, como lo hace un actor, la inducción tendrá éxito, recuerde que todos los pasos deben ser suaves y coherentes.

Recuerde que la mente de la persona en estado hipnótico, detecta con mucha facilidad, el nerviosismo, la falta de seguridad, y las incoherencias en el argumento de la inducción.

Inducción Clásica

La inducción clásica, como vimos anteriormente, la dividimos en cuatro partes: relajación, descenso profundización del trance, programación y ascenso. Cada punto después de una palabra, ejemplo: relaaaje... corresponde a un segundo de pausa. Con los ojos cerrados... por favor siga mis instrucciones... vamos a coordinar unos ejercicios respiratorios y de relajación... Lo hará siguiendo mis instrucciones de la siguiente forma... inspirando profundamente... hinchando bien los pulmones... contendrá el aire dentro... y haciendo una pausa...... soltará el aire de sus pulmones, expulsando por la boca hasta la última gota....... Atención comenzamos ahora....... inspire profundamente. Hinchando bien los pulmones... retenga el aire dentro... haga una pausa...... y suelte el aire de sus pulmones por la boca expulsando hasta la última gota....... Otra vez... inspire profundamente... hinchando bien los pulmones... retenga el aire dentro.... haga una pausa...... y suelte el aire de sus pulmones por la boca expulsando hasta la última gota....... Otra vez... inspire profundamente... Hinchando bien los pulmones... retenga el aire dentro... haga una pausa...... y suelte el aire de sus pulmones por la boca expulsando hasta la última gota....... y perciba ahora los efectos visuales... figuras geométrica o colores... que puedan aparecer ante sus ojos... deseo que perciba los sonidos del ambiente...esos sonidos su mente los desechará paulatinamente... solo será importante para usted. El sonido de mi voz... que le guiará para realizar una relajación más profunda.... Más placentera... hasta encontrar una armonía... entre su mente, su cuerpo, y su espíritu... La mente tiene poder... Por lo tanto, todo lo que deseamos con fe... con emoción se cumple... Por eso ahora... Le pido que me permita, ayudarle a relajarse profundamente... Concéntrese en su cuero cabelludo... y relaje... relaje todos los músculo de su cuero cabelludo... y continúe relajando su cabeza... su rostro... alisando su frente... elimine la contracción... de los músculos se su cara... entreabriendo la boca... separando los dientes... así descarga toda la tensión que se acumula en esa zona... Muuy bien excelente... así usted va notando las sensaciones de cambio y de relajación... que está logrando. Continúe relajando su cuello... ordénele relajar... a todos los músculos de su cuello... relájelos bien relajados... moviendo la cabeza suavemente... hacia la izquierda... hacia la derecha... (Si la persona sigue los movimientos, significa que nuestra inducción va bien.) Afloje todo su cuello... y mientras su cuello se relaja... haga una respiración profunda... bieeen profuuunda.... y deje que esa relajación se extienda hacia sus hombros.... y perciba una sensación agradable... tal vez sienta como que le quitan peso de sus hombros.... allí en los hombros se sobrecargan... todas las tensiones de nuestra vida.... el cansancio... el estrés.... Y la relajación desciende por su espalda.... Déjese llevar por esa relajación placentera.... y en tanto su cabeza, su rostro, su cuello y su espalda... están relajándose cada vez más... Usted empiece a relajar sus brazos... bien relajados... aflójelos... máaas flooojos.... perciba una sensación agradable... de pesadez en sus brazos, de relajación.... Y relaaaje... máaas profuuundo. Y continúe relajando su pecho... Ahora haga tres respiraciones suaves y profundas... haga tres respiraciones suaves y profundas... imaginado que el aire que entra es limpio y puro... y el aire que sale es gris y contaminado........ El aire que entra es limpio y puro y el aire que sale es gris y contaminado......... el aire que entra es limpio y puro y el aire que sale es gris y contaminado....... y ahora perciba esa sensación máaas profuuunda de relajación... es una sensación de vacío en su mente... de paz... de calma.... mientras continúa relajando su abdomen.... relajando todos sus órganos internos.... se siente cada vez máaas relajaaado y con cada respiración que hace su relajación se profundiza máaas y máaas.... Cada vez que respira... el ritmo de su respiración... le sumerge en un estado máaas profuuundo.... En tanto continúa relajando sus caderas.... sus glúteos.... bien relajaaaados... y mientras la relajación, se profundiza máaas... es posible que perciba una sensación de hormigueo, calor o pesadez... en su cuerpo.... eso es muy bueno... ese óptimo... y así su relajación llega suavemente hasta sus piernas.... siente que sus piernas se relajan máaas y máaas relajadas.... sus pantorrillas.... sus pies.... también se relajan.... y esa sensación energética de relajación... llega hasta la punta de los dedos de sus pies.... se siente muy relajado... es posible que perciba, como que su cuerpo flota... está muy liviano... muy relajado... se le ha quitado todo el peso, la tensión y el estrés.... todos sus órganos internos... funcionan armoniosamente ahora... En este estado... su cuerpo, su mente y su espíritu... consiguen una conexión total.... Y todo aquello que usted imagine podrá conseguirlo.... por eso ahora le pido... que imagine una escalera... con diez escalones... imagine una escalera con diez escalones... imagine una escalera con diez escalones... que le lleva a un lugar especial... a un lugar único... ese lugar especial es suyo. Exclusivamente suyo.... y en su lugar especial encontrará muchas respuestas... que serán benéficas para su salud.... (Inserte el lugar especial, puede ser un rincón de la casa, en la playa, en la montaña, o puede ser de fantasía.) Yo contaré de diez a uno y con cada número... usted descenderá escalón por escalón... y a medida que desciende siente que su relajación y su estado son más profundos... al llegar al último escalón sentirá... somnolencia... paz... calma... Seguridad... Atención comenzaré la cuenta.... dieeez... desciende... nueeeve... se relaja máaas profundo.... ooocho máaas profundo... siente una sensación placentera de somnolencia... sieeete... máaas profuuundo... su estado... es óptimo.... seeeis... desciende máaas profuuundo... ciiinco... ya siente una sensación de somnoleeencia máas agradable.... cuaaatro... descieeende máaas y máaas y la somnoleeencia es muy agradaaable... treees... descieeende máaas.... siente sueeeño... sueeeño... sueeeño... dooos... usted se siente realmente en paz... profuuundamente relajaaado... somnoliento... tiene sueeeño... pero su mente está lúcida.... uuuno.... ya está abajo... ahora el sueeeño es máaas profuuundo.... ahora el sueeeño es máaas profuuundo.... es bien profuuundo.... (En este momento debe hacer la programación que usted haya elegido, repitiendo las sugestiones, tres veces. Después de la programación, es conveniente dejar al paciente unos segundos en su lugar especial. Dándole sugestiones de bienestar, de tranquilidad, para luego ascenderlo... con la cuenta de uno a diez.)

Muy bien... ahora... usted se encuentra estupendamente bien... su mente inconsciente... sabe que ha encontrado respuestas a lo que buscaba... y su mente inconsciente... ya se pone a trabajar por usted y para usted... la construcción de algo nuevo... lleva su tiempo....... usted será paciente... y comprobará que día tras día... usted producirá cambios y cada día se sentirá mejor... Cuando la mente se pone en marcha... nada la detiene.... (Aquí debemos dar una orden post hipnótica elevando un poco el tono de voz. Para condicionar al paciente, o bien para impartir instrucciones de curación o terapia.) Quiero que escuche con atención... y siempre lo recordará... Cada vez que usted se siente... en este sillón... volverá a entrar en este estado profundo y placentero.... Cada vez que usted se siente... en este sillón... volverá a entrar en este estado profundo y placentero.... Cada vez que usted se siente... en este sillón... volverá a entrar en este estado profundo y placentero....... Ahora contaré de uno a diez... y en total tranquilidad... en calma... sin molestias de ninguna naturaleza.... abrirá los ojos al llegar a diez.... uuuno.... dooos.... en calma... treees.... cuatro.... en paz.... ciiinco.... Seeeis.... ya está volviendo siete... ooocho.... se siente estupendamente bien.... nueve.... dieeez... abra los ojos....

Si usted, practica la hipnosis en otra persona, obviamente deberá estudiar y aprender de memoria la inducción. Y con el tiempo, su experiencia le permitirá ir haciendo sobre la marcha los cambios necesarios, según el tipo de sujeto a hipnotizar.

Antes de experimentar con alguien, practique auto hipnosis usted mismo. Si prefiere experimentar la inducción, con o sin recurrir a una grabación, hágalo en primera persona. Ejemplo: -me relajaré profundamente... me relajo más profundo... yo siento paz y tranquilidad... etc.-Busque un lugar cómodo y tranquilo, y siga los mismos pasos de la inducción grabada.

Le recuerdo que deberá aprenderse de memoria todos los pasos, para que la inducción posea la fuerza necesaria. Una grabación en silencio permite una inducción más efectiva, ya que podrá corregir cualquier error.

Diferentes tipos de sugestiones

Dije al comienzo que la hipnosis es una forma de comunicación, así como existen en la vida diaria muchas maneras de comunicarnos, vía teléfono, Internet, correo, disertando en una conferencia, En hipnosis, existen también diversos tipos de comunicación hipnótica.

Obviamente, la base de la hipnosis es la sugestión, por lo tanto, nos referimos a los diferentes tipos de sugestiones existentes. Una sugestión es más efectiva cuando la persona se encuentra relajada, y tranquila, por eso cuando está en estado de hipnosis, las sugestiones son más efectivas.

No obstante, se ha comprobado que muchas sugestiones pueden fijarse en estado de excitación, o de un fuerte choque emocional... Aunque no estudiaremos estos casos aquí.

El objetivo de una sugestión, puede ser diverso, profundizar un trance, modificar estados emocionales, obtener una respuesta física, mejoría en la salud, crear imágenes, potenciar la creatividad en un artista, mejorar el rendimiento en deportistas de élite, etc.

Tipos de sugestión

Existen seis tipos básicos.

- ✓ **Sugestiones de relajación**
- ✓ **Sugestiones de profundización**
- ✓ **Sugestiones directas**
- ✓ **Sugestiones de imágenes**
- ✓ **Sugestiones indirectas**
- ✓ **Sugestiones post hipnóticas**

Sugestiones de relajación: se utilizan siempre al comienzo de la inducción. Y sensibilizan su mente consciente y subconsciente para liberar las tensiones.

Sugestiones de profundización: se utilizan para profundizar el trance. Se le induce a descender a un estado más profundo, con somnolencia, desconectando la mente del cuerpo.

Sugestiones directas: son instrucciones directas, que le llevan a concentrarse, para que responda de una forma determinada. –Cuando yo toque su frente... Usted podrá hablar...–

Sugestiones de imágenes: son sin duda las más poderosas, las imágenes preparan el terreno para afianzar las otras sugestiones Se pueden utilizar, también como sugestiones indirectas. –Imagine un águila volando en lo alto.... Y siéntase libre como ella... cuando más alto vuela más libre... se siente...–

Sugestiones indirectas: Son aquellas en que utilizan los propios estados emocionales pasados del sujeto junto con analogías, metáforas. –Recuerde la última vez que fue hipnotizado... y perciba aquellas sensaciones agradables––Las personas cansadas desean dormir... dormir les libera del estrés y la tensión... por favor no se duerma... preste atención a mis palabras– Sugestiones post hipnóticas: También llamadas códigos, anclas, u orden post hipnótica. Son claves en la hipnosis, son las ejecutoras, las movilizadoras, del proceso de cambio, generan acción después de la hipnosis. Se activa espontáneamente ante un estímulo, relacionado a la sugestión. Ejemplo: –mañana...

a las 10 horas. Después del desayuno. Usted comenzará con el estudio de la materia... no se detendrá hasta las 12 horas. Su mente estará lúcida, fresca... reteniendo todo lo que estudia.... Nada le distraerá−−Usted es un ex fumador... el tabaco le resulta desagradable− Es importante que las sugestiones directas sean precisas, concisas, y simples. Una gota de agua perfora la roca. Como la gota de agua sobre la roca, la sugestión debe perforar las resistencias. Y para ello es necesaria la repetición, así aprendimos en la escuela la tabla de multiplicar, las primeras letras, y la enseñanza aún continúa utilizando las mismas técnicas. La mente del niño está más ávida de conocimiento. La mente de una persona mayor ha creado resistencias, por eso la sugestión, además de la repetición constante, debe ser sutil. Una sugestión surte efecto, si la repetimos tres veces, cuantas más veces se repita más probabilidades de éxito tendrá. Las sugestiones tienen que ser creíbles, de lo contrario encontrará resistencias. No pretenda aprobar un examen solo con hipnosis, si no estudia de nada le servirá, ni pretenda perder peso, sin reducir la comida, la hipnosis por sí misma no quema calorías. Proyecte las sugestiones con un límite o marco temporal, −En una semana alcanzaré mi objetivo... de dejar de fumar− Las sugestiones de objetivos, tienen que ser alcanzables, y reales, no plante objetivos absurdos. ¿Usted se comería una tarta de chocolate de 5 Kg de una vez? No, no lo conseguiría, sin embargo, un poquito cada día, mal no le haría. Vaya despacio, saboree el éxito, como la tarta, de a poquito. Un pequeño logro hoy será experiencia para mañana. Las sugestiones tienen que ir dirigidas a superar o mejorar un objetivo por vez, no es posible plantearse dejar de fumar, y adelgazar a la vez. Utilice sugestiones positivas, más que negativas. Recuerde que la negación no es reconocida por la mente inconsciente.

Inducción para niños

Técnica del personaje favorito

Esta inducción, es aplicable a cualquier niño a partir de los 5 años. La fórmula tiene la libertad de crear una fantasía, a elección del niño. Dirigiéndose al pequeño, se le pregunta, cuál es su héroe o personaje favorito, en los dibujos animados. Cuando el niño define su personaje, nos abre el camino. La ventaja de este método, radica en que el niño al elegir su personaje favorito, participa con más facilidad y actividad, en todo el proceso de la inducción. Sabemos que de niños todos hemos adorado a algún personaje de los dibujos animados, o de algún cuento, hemos hablado con él imaginariamente, hemos jugado en solitario, etc. Comenzamos de la siguiente forma: El terapeuta tomará posesión del personaje, y teatralizará sus gestos, sus movimientos, y si el niño eligió por ejemplo el genio de la lámpara de Aladino, le dirá: Soy el genio de la lámpara de Aladino, soy un genio muy bueno. Y jugaremos juntos, Tú sabes que los genios tenemos poderes mágicos, somos más poderosos que los magos, yo te protegeré te cuidaré, y ahora jugaremos a un juego muy interesante, que te hará sentir muy bien. Para jugar tu harás rápidamente, todo lo que te digo, así entraremos en un mundo de fantasía, en un mundo de colores, de felicidad... Para empezar, yo tocaré en una parte de tu cuerpo, y tu imaginas que esa parte se duerme, por ejemplo; yo toco tu pie y tu pie se duerme... ¿Has comprendido? Si el niño responde –Sí– se continúa, de lo contrario se le vuelve a hacer la pregunta. Ahora... voy a tocar y a dormir diferentes partes de tu cuerpo. (Tocando suavemente los párpados le dice cierra los ojos.) Yo soy el genio de la lámpara, toco tus ojos y se duermen. Se duermen... pero el resto de tu cuerpo está despierto... muy despierto... toco tu cara... Y tu cara... toda tu cara va a dormirse. Ahora, con mi varita mágica voy a tocar tu brazo derecho y tú sentirás como se duerme inmediatamente. Como se pone blando, como si fuera de trapo. (El terapeuta, toca haciendo una suave presión en el brazo del niño, con su dedo.) Y ahora voy a dormir tu mano... cuando toque tu mano se dormirá. (El terapeuta, toca la mano del niño.) Toco tu mano derecha y sientes que se duerme.... Se duerme, es muy agradable. Tú estás bien despierto, pero tu cara y tus dos brazos están dormidos. Tú estás muy atento y ves que tus brazos se duermen. Porque tú has querido que se duerman y porque yo los he tocado... Toco tu pecho y tu pecho se duerme... Toco tu vientre y todo tu vientre con todo lo que tiene dentro se duerme... Toco tus piernas y tus piernas se duermen... (Hay que dar con la punta de los dedos golpes suaves, descendiendo por el muslo, sin tocar la rodilla.) Toco tu pie derecho y tú sientes de repente todo el sueño que hay en su interior... Toco tu pierna izquierda y se duerme... Toco tu pie izquierdo y se duerme... Todo tu cuerpo está ya profundamente dormido. Y ahora que todas las partes de tu cuerpo se han dormido y sé que me estás escuchando atentamente, voy a contarte una historia, para que te sientas bien tranquilo como cuando te vas a dormir.

Conocí un conejito blanco con orejas negras, era muy inquieto, y jugaba como tú. Todo el día saltando, corriendo por ahí... se divertía mucho durante el día... y cuando llegaba la noche se sentía cansado muy cansado... y dormía muy plácidamente... muy tranquilamente... el conejito duerme. dueeerme... dueeerme... más tranquilo... así como tu cuerpo duerme... tranquilo... dueeerme.... dueeerme... El conejito dueeerme muuuy tranquiiiilo...... En este momento de la inducción el niño ya está en estado de trance, se puede profundizar más si se desea, o comenzar con las sugestiones que tengamos previstas. Si el motivo de la inducción es conocer sus aflicciones, necesidades, frustraciones, el terapeuta tendrá que continuar con la historia del conejito, diciéndole: Te contaré la historia, del conejito que se hizo amigo del genio... El conejito se hizo el mejor amigo del genio... por qué el genio, un día como hoy, le ayudó a resolver unos problemas... Y a partir de ese día siguieron siendo amigos para siempre... ¡Y como tú también quieres ser amigo del genio!... ¡Yo! el genio de la lámpara, seré ser tu mejor amigo... ¿Quieres ser mi amigo?... (Esperamos que el niño asienta con su cabeza) Y proseguimos. Escúchame bien... Cuando yo toque tu frente...

cuando yo toque tu frente.... te convertirás en mi mejor amigo... y yo, en tu mejor amigo... así podrás contarme todo lo que quieras... yo guardaré tus secretos... ¿Estás de acuerdo?... por lo general el niño asiente con la cabeza, si está en trance profundo o responde sí, si el trance es de nivel 1 o 2. El terapeuta toca la frente del niño diciendo: −Y ahora... tú eres mi mejor amigo... −Siempre apelaremos a su imaginación. Soy tu mejor amigo, tengo el poder y la magia, para ayudarte− Con esta técnica simple se puede hacer que un niño, libere sus miedos y cuente sus aflicciones. Esta técnica la he utilizado en problemas de miedos, malos tratos, enuresis, insomnio infantil, falta de concentración, para mejorar la higiene bucal o modificar hábitos nocivos, etc. Al final siempre le daremos una orden post hipnótica, con la intención de que cumpla con el objetivo marcado, o bien que nos facilite entrar en trance en la próxima sesión. El ascenso lo realizaremos igual al descenso, tocando las partes de su cuerpo, de la siguiente forma: −Y ahora, yo el genio de la lámpara, tu mejor amigo, tocaré cada parte de tu cuerpo para despertarla.... y cuando esté todo tu cuerpo despierto te sentirás muy bien.... feliz... porque eres mi amigo... Toco tu pierna derecha y se despierta... ya está... despierta... ahora tocaré tu pierna izquierda y se despertará... la voy a tocar ahora....... atención... la toco y se despierta.... Así recorremos el camino del ascenso hasta salir del trance. Muchos terapeutas se sorprenderán por lo fácil que resulta inducir a muchos niños por esta técnica, totalmente inofensiva.

Capítulo 17

Regresión de Edad

Un viaje a nuestro pasado

Hace unos años vi en televisión un hipnotizador muy conocido de Barcelona, que hizo una regresión de edad en cámaras, con el desagradable espectáculo de una crisis emocional en directo, de la persona voluntaria, por haber revivido un hecho trágico de su vida. Todo como consecuencia de la mala conducción de la regresión efectuada por el hipnotizador. Los hipnotizadores teatrales, suelen utilizar con frecuencia ese número para impresionar a la audiencia. Y se les oye decir con mucha –seguridad y autoridad–, que todo lo que la persona dice en estado hipnótico es verdad. Después de ver y oír a un personaje de estos decir eso, la gran mayoría de las personas creen que bajo hipnosis les pueden hacer decir el número secreto de su caja de seguridad. En los cursos de hipnosis, suelo hacer demostraciones de una regresión de edad, pero con mucha cautela. Y solo demostraciones tales como: regresar a la persona a una edad determinada y hacerle escribir su nombre, regresarla hasta su infancia y volver a hacerle escribir su nombre, luego comprobar la diferencia en la escritura de una edad a otra. En una oportunidad, intercambiando ideas con un colega, sobre las regresiones, yo le manifesté mis puntos de vista con relación al uso indiscriminado que hacen algunos hipnotizadores en público. Y opinaba que yo, ponía demasiados reparos a las regresiones.

¡Y, a decir verdad, los pongo! Por que como les dije al principio de este libro: –la hipnosis es una herramienta muy poderosa–. Yo les puedo enseñar a utilizar cualquier herramienta, les doy un trozo de piedra un cincel y un martillo, y les enseño a tallar la piedra, pero no sé cuántos martillazos en los dedos se podrán dar. Ni tampoco sé si le darán un martillazo al compañero de al lado. Cualquier herramienta puede ser peligrosa según como la utilice. Es interesante hacer regresiones, por ejemplo, para revivificar momentos felices, para reencontrar los recursos propios de seguridad, de voluntad que le movían tiempos anteriores, para reencontrar la autoestima perdida, para modificar un mal hábito aprendido, superar fobias, miedos, timidez, eliminar sentimientos de culpa, resolver conflictos. Pero jamás como espectáculo. En cualquier caso, recomiendo, que, si usted no es un profesional cualificado en hipnosis clínica o en psicoterapia, no practique regresiones de edad en otras personas, con el fin de experimentar. Y si lo hace siga las recomendaciones que le daré más adelante.

Una historia real

Hace ya, algún tiempo, un amigo llamado Pedro. O., que había sufrido un accidente automovilístico años atrás. Me preguntó sobre la posibilidad de practicar una regresión, para saber cómo había ocurrido aquella desgracia. Porque, después del accidente estuvo en estado de coma y no recordaba nada. No hubo testigos y los ocupantes del otro coche fallecieron. En el accidente había perdido a su pequeña hija de 5 años y él perdió toda la utilidad de su mano y brazo derecho. Mis primeras preguntas fueron: ¿Qué quieres saber? ¿Te sientes culpable? Y él me respondió; – ¡No! Quiero saber de quién fue la culpa, porque el peritaje de la compañía aseguradora, tampoco aclaró nada. –Bien, le dije... ¿El seguro cubrió tus gastos de la clínica y te pagó los daños del coche? –Sí, no tuve problemas. ¿Entonces?... –Sólo quiero saber quién tuvo la culpa. –Él y yo sabíamos que por medio de la regresión podríamos descubrir la verdad. Porque en una oportunidad habíamos hablado sobre regresiones y le conté el caso de un médico que había sufrido una amnesia a causa de un accidente, y sus sentimientos de culpa le atormentaban. Le conté que después de varias sesiones conseguimos determinar que él no había sido el culpable del accidente, y así conseguí liberarle de aquel sentimiento de culpa, recobrando su deseo de vivir– A continuación, le manifesté que yo no le haría la regresión, y le recomendé que no lo intentara por otras fuentes. – ¿Por qué? –Me preguntó– –Porque emocionalmente tu vida es estable y ya has superado aquel mal trance.

Tienes éxito en tu empresa, ha rehecho tu vida... ¿Qué pasaría si en la regresión descubres que la culpa del accidente era tuya, y no del coche de enfrente? También sería tuya la culpa por la muerte de tu hija... ¿Verdad? –Sí, respondió. ¿Y cómo resolveríamos esa culpa? Pensativo y cabizbajo respondió –No lo sé.... – ¿Te das cuenta, que ese afán por saber que sucedió podría perjudicarte más que ayudarte?

Considero por tu bien, seguir ignorando lo que aconteció realmente aquel día... – ¡Sí tienes razón! Te agradezco la sinceridad.

De aquella vez nunca más se volvió a hablar del tema. Nuestra mente, olvida para protegernos, olvida para salvaguardar nuestra salud psicológica. Él inconscientemente, puede saber de quién fue la culpa, pero es posible, que su mente consciente haya bloqueado su recuerdo. Su amnesia, su olvido, le protegen de un dolor mayor, al sufrido. Este ejemplo real, espero sirva para que todo aquel que se inicie o tenga experiencia en hipnosis.

Sea cauto y muy respetuoso de las emociones ajenas, sobre todo cuando se trate de regresiones también conocida como hipnoanálisis. Siempre en una regresión o hipnoanálisis, debe aplicarse la disociación del sujeto en relación, al hecho conflictivo. Porque de lo contrario podemos agravar el conflicto.

A la disociación, yo la denomino, –ley de protección–. Porque utilizándola correctamente la persona no se siente afectada por los acontecimientos pasados.

Posteriormente una vez encontrado el hecho conflictivo, el terapeuta experto, le asociará, y le hará revivir aquel momento, dándole unas señales de seguridad y protección.

El hipnólogo conduce así la memoria de la persona hasta el momento deseado. Por ejemplo, a sus 10 años, es importante retroceder en el tiempo lentamente. Si la persona es un adolescente, podemos retroceder de 2 en 2 años

o de 3 en 3, los períodos no deben ser demasiado largos. Si fuese una persona de 20 años, no sería conveniente regresarlo directamente a los 10 años. La conducción serena y parcelada hace que el subconsciente se sensibilice más fácilmente. En los casos de persona mayores de 40, podemos regresarlos de 10 en 10 años hasta un punto determinado, volverlos al momento actual y volver a regresarlo de 5 en 5 años, o de 3 en 3, 2 en 2, 1 en 1, mes en mes, día en día, hora en hora. Esta es la forma de realizar una regresión. Para determinar la causa de un conflicto, o para recabar información de un paciente. Siempre habrá que sugestionar a la persona mientras se hace la regresión, en sentimientos de seguridad. Ejemplo: –Usted se siente seguro, tranquilo, y recordará todo aquello que interesa... saber para su bienestar––Usted recordará aquel momento... que le provocó el miedo a la oscuridad, a los lugares cerrados––Disociación––Pero eso no le afectará, porque es el pasado––El pasado ya no existe––Solo existe el presente y el futuro– –El pasado ya no existe––No le afecta––Usted recuerda para encontrar la solución a su problema–

Memoria celular

La pregunta más frecuente, cuando entramos a estudiar la regresión

o la revivicción, está relacionada al mecanismo que nos permite revivir experiencias pasadas, sensaciones en el útero materno, experiencias de vidas anteriores. Existen muchas teorías al respecto. Y estas difieren según la escuela o doctrina que se practique. Las teorías más radicales dicen que la memoria celular existe y su funcionamiento, prácticamente lo confunden con un cerebro celular. Yo no la comparto. Esta teoría la mantienen algunos espiritistas y otras doctrinas, que creen en la reencarnación.

Mi teoría es más aséptica. Creo que la memoria celular existe, pero no hasta el punto de funcionar casi como un cerebro. Pero sí, como mecanismo evolutivo. En concreto se cree que las células poseen una memoria o un registro, que funcionaría como un acumulador de información.

Esa memoria celular, no tendría efectos inmediatos. Si no, que funcionaría como un banco de información, que, a través de millones de años, ayudaría a provocar cambios evolutivos en la especie.

Epigenética

Sin embargo, la **Epigenética ha demostrado** con las últimas investigaciones, que los cambios genéticos pueden producirse en cortos periodos de tiempo.

Observaciones realizadas con hermanos gemelos y mellizos que se criaban en diferentes ambientes climáticos y socio culturales, en pocos años había una mutación genética diferenciadora en ellos.

Esto me permite pensar que si con la hipnosis podemos provocar estimulación de células cerebrales que producen neurotransmisores, hormonas y proteínas, entonces los cambios que podríamos producir por medio de sesiones prolongadas de hipnoterapia serían definitivos

En el capítulo 2 hablamos de la teoría de la memoria holográfica de Karl Pibram, y las experiencias realizadas en animales por H. Lashley, ¿Es esta una prueba de la memoria celular? Personalmente acepto esta posibilidad. Y fundamento mi opinión, a continuación. Una imagen holográfica tiene la particularidad, que se reproduce en tres dimensiones. O sea, que la podemos ver de cualquier ángulo. Desde atrás, del costado, del frente, de arriba, etc. Si la teoría de memoria holográfica, dice: que a partir de una pequeña parte del todo, podemos reproducir el original. Ejemplo: imaginemos un cuadro de un paisaje de montaña y bosques. Si cortásemos un pequeño trozo de 1 mm de una esquina del cuadro, tal vez, parte de una hoja de un arbusto, que aparece en el cuadro.

Según la teoría holográfica. A partir de ese pequeño trozo de información, podemos reconstruir el cuadro completo. Si es correcta esa teoría, podríamos inferir, que el genoma humano, confirmaría esa teoría. Una pequeña muestra del (ADN), encierra toda la información del ser humano. Se cree que las neuronas comienzan a almacenar información desde el momento de la conformación del cerebro en el feto. Hasta aquí es correcto. ¿Y antes de la formación del cerebro, que ocurre? Creo, que en este punto es donde se podría entender, la teoría de la memoria celular. Yo pienso que antes de la formación del cerebro en el feto, podrían ser las células del embrión las que poseyeran algún tipo de memoria (memoria celular) En mi práctica, de hipnosis experimental, he comprobado que la mayoría de las personas pueden llegar a recordar, su experiencia intrauterina. Y en muchos casos hasta el momento de la concepción.

Sin embargo, tengo que decir que me plantea la duda, el hecho que no todas las personas pueden llegar al momento de la concepción, y manifestar un sentimiento o recordar algo.

Las personas que consiguen regresar, al momento de la concepción, pueden manifestar sentimientos diferentes: sensación de paz, de calor, mucha luz, sufrimiento, miedos, rechazo, nada, etc.

Vidas anteriores

El regreso a vidas anteriores, se produce con facilidad en personas que creen en una vida anterior. Esto me confirma que la creencia del sujeto, representa un papel determinante. Si cree en una vida anterior, le resultará más fácil, regresar a su vida anterior. Si, por el contrario, no cree en la existencia de una vida anterior, su regresión se detiene en el útero materno o en el momento de la concepción.

Esto me demuestra que la persona en estado hipnótico profundo, aún conserva el control de sus creencias.

Otra evidencia en mis experiencias es, que, en casi todos los casos de regresiones a vidas pasadas, las personas son asiduas lectoras de temas relacionados con el más allá. O bien son creyentes o practicantes de alguna religión o doctrina kármica. En algunas culturas orientales sostienen, que la memoria recobrada en el estado de regresión a una vida anterior, la habríamos heredado de nuestros antepasados.

Lo aceptan como una herencia, de memoria genética. Y creen, que los sufrimientos y traumas vividos por nuestros antepasados, en muchos casos se reproducen, alterando nuestra vida presente.

Hace algunos años.

Realicé una experiencia, con el fin de modificar la creencia, en una paciente llamada Celia D. S., de 33 años, enfermera, que no creía en vidas anteriores. Sufría de angustia, miedo a la muerte y claustrofobia.

Previamente preparé a la paciente. Explicándole, que yo creía que su problema no era de esta vida. Y que posiblemente regresar a su vida anterior nos podría ayudar a encontrar la respuesta a su problema. En mi conversación procuré que ella aceptara que podía estar equivocada al no creer en una vida anterior. Y le puse el ejemplo de la religión hindú. Finalmente aceptó que podía estar equivocada, ya que muchas personas le habían hablado de ello.

Procedí, a realizar la regresión, y en la segunda sesión conseguí que regresara más allá de la fecha de su nacimiento, y de la concepción. (A este estado se lo conoce vulgarmente, como viaje astral.) Su vida anterior se desarrollaba en la campiña francesa. De pronto comenzó a hablar en francés, era el año 1791, tenía 16 años, su padre y hermano habían muerto en la guerra tiempo atrás, que no supo concretar. Siguiendo con la exploración le hice que reviviera algún momento traumático para ella. Y se puso muy tensa, comenzó a sudar, percibí, como su respiración y ritmo cardíaco se aceleraban, y angustiada, gritaba: – ¡Sáqueme de aquí! ¡Estoy viva! ¡Estoy viva! –Dándole calma y cogiendo su brazo, le digo: –Yo estoy aquí... te protejo... te acompaño... Dime, ¿dónde estás? ¡Tú puedes saberlo.. !. Porque tu mente está en otra dimensión diferente a tu cuerpo.

–No sé.. No sé.. No veo nada.. Está todo oscuro.. –me responde, sollozando... Entonces le digo:

–Procura tocar con tus manos...

–No puedo me duelen y sangran las uñas... ¡Me falta el aire!

– ¿Por qué? – le pregunto estimulándola para que hable–

–Porque he arañado una madera que está sobre mí. Es como una caja.

– ¿Una caja?

–Sí es una caja... parece una caja mortuoria... ¡Me han enterrado y no saben que estoy viva! ¡No saben que estoy viva!

–Me responde llorando desconsolada.

Le doy calma, le tranquilizo, y comienzo la retrocuenta, para volver al presente–

Lentamente volvimos al presente. Su rostro y sonrisa al abrir los ojos, eran una prueba de que había encontrado una respuesta, positiva a su problema.

Me preguntó: – ¿Es verdad que regresé a mi vida anterior?

– ¿Tu qué crees? –le contesté esperando su opinión– Y me manifestó que fue tan real lo que experimentó, que le era muy difícil no creerlo.

Sin duda el relato nos hace referencia a uno de los tantos casos, de enterramiento que se producían en el pasado por error. Personas que entraban en estado cataléptico, y sin la asistencia de algún médico eran enterradas vivas.

Le pregunté si hablaba o había estudiado la lengua francesa. Me contestó que no. También le pregunté si había leído alguna novela o había visto una película con el argumento parecido al de su vivencia. Su respuesta también fue negativa.

Yo no estaba satisfecho con esas respuestas y le pedí autorización, para hablar con su madre que vivía en otra ciudad. Me comuniqué telefónicamente con la señora. Ella me contó, que hacía 9 años que su hija vivía en la capital. –Porto Alegre Capital del estado de Río Grande do Sul Brasil (1987) – Cuando le pregunté si ella hablaba francés, me contestó que no. Aunque su bisabuelo era de origen francés, también comentó: que, hasta los 3 años, a Celia la había cuidado una empleada de hogar que hablaba francés.

Es posible que ella aprendiera a hablar algo de francés, cuando pequeña. Pero en tres años, aprendería lo elemental. Y no habría llegado a dominar la lengua, para manifestarse con tanta soltura en el relato. ¿Y la historia de su vida anterior? ¿También fue inventada?

En este punto, se plantea la gran duda. ¿Fue mi introducción, diciéndole que su problema podía tener un origen en su vida anterior, lo que propició, que su mente inconsciente creara esa fantasía, por la necesidad de superar su problema? ¿O existe realmente una vida anterior?

También es posible que ella ocultara, haber estudiado la lengua francesa, en los 9 años en que vivió lejos de su casa natal. Yo no pude comprobarlo.

Vosotros podéis reflexionar sobre el caso. ¿Invalida esto la terapia regresiva? Por supuesto que esto no invalida, la terapia regresiva. Tengo la convicción, que en terapia no importa el método que se esgrima, lo que importa es el resultado.

Y si mi paciente, necesita sentirse Napoleón humillado por Josefina, para resolver un conflicto de culpabilidad. Pues bienvenido sea Napoleón. Esta posibilidad de regresión a una vida anterior modificando la creencia en personas no creyentes, se hace cuando el terapeuta tiene mucha experiencia y destreza. La paciente de esta historia, después de seis meses seguía bien, sin haber vuelto a sufrir aquellos episodios de angustia, miedo a la muerte y claustrofobia.

Manipular el código moral

Después de leer lo anterior, se puede pensar que es posible manipular el código de moral de una persona, para hacer que ejecute cualquier acción delictiva, o en contra de su voluntad. En parte sí es cierto, y en parte es falso. ¿Podemos manipular y cambiar definitivamente el código moral de una persona y transformarle en un asesino? No se puede cambiar de forma definitiva, el código moral de una persona sólo con hipnosis. La manipulación del código moral, se puede realizar temporalmente, pero mediante una alucinación y un engaño.

Por ejemplo: en estado profundo de trance, se le induce al sujeto una alucinación positiva. Cambiado su personalidad.

Le decimos, que es un cazador. Que le encanta cazar. Por lo tanto... le damos un rifle de caza mayor, y le decimos: – Cuando le ordene, que abra los ojos, verá al frente un ciervo... –Enfrente de él ponemos una persona––Y sin pestañar, le vaciará los dos tiros...Ya que el ciervo podría oírle y huir... ¿Comprendido? Contaré de uno a tres... abrirá los ojos... y verá al ciervo. y sin pensárselo dos veces disparará.... uuuno.... dooos.... treees.... abra los ojos... ¡Dispare ahora, que el ciervo se escapa! El sujeto en estado de trance hipnótico, dispara el rifle, pero no sería consciente de lo que tiene enfrente, y vería a un ciervo en lugar de la persona. Eso no es manipular el código moral sino provocar un cambio de personalidad por alucinación positiva.

Del mismo modo puedo crearle otra alucinación y decirle, que está sufriendo mucho... por la muerte de su hijo..., que fue salvajemente asesinado... y que cuando abra los ojos verá al asesino, y le disparará para vengar la muerte de su hijo....

¿En este caso habríamos cambiado el código moral? ¡No! Habríamos manipulado sus emociones, por medio de la alucinación.

Le hacemos creer que han matado a su hijo. Y generamos un deseo de venganza. Veámoslo de otra forma. Está por desembarcar en el aeropuerto de Barajas, de regreso de un viaje por América.

Una señorita muy guapa y elegante, se le acerca y le dice: −Por favor me puedes ayudar con esta maleta. −Y usted muy atentamente le lleva la maleta. Pero cuando llega al control de equipajes, un perrito huele algo en la maleta. Y ¡Sorpresa! La maleta de la chica lleva droga, Usted, se defiende diciendo que no es suya. Y señalando a un lado donde presumiblemente estaba la chica, dice: − ¡Es de la señorita!... −Pero no ve a la chica... La chica se esfumó. Ya sabemos lo que pasa, en esos casos. Seguramente nadie, ni su madre le creería−

A usted no le cambiaron el código moral, la chica lo alucinó y lo engañó. Algo igual puede ocurrir con la hipnosis. Sin embargo, la censura de nuestro código moral, en la mayoría de los casos, funciona correctamente, y no ejecuta la acción. Pero existe un diez por ciento de los sujetos, muy sugestionables que caerían en la trampa.

Para modificar el código moral de un sujeto de forma definitiva. Se utilizan métodos coercitivos. Son traumáticos y violentos. Como las drogas, la humillación, el castigo corporal, la tortura física y psicológica, el dinero, el sexo, etc. Este tipo de prácticas la realizan algunos gobiernos dictatoriales, con sus sistemas carcelarios, sectas, ejércitos, células terroristas, la mafia, y muchas otras organizaciones que a toda vista son legales e intachables. Por eso no se debe tener tanto miedo a la hipnosis. Y recuerde: Nadie puede ser hipnotizado en contra de su voluntad.

Modificar creencias

Cualquier creencia, puede ser modificada, a través del tiempo, de forma espontánea. Pero muchas veces la creencia está tan afianzada, que aun siendo negativa para la persona no la puede modificar espontáneamente.

Una creencia puede ser positiva para la salud psicológica de una persona o negativa. Por una mala experiencia en la infancia puede asumir una creencia equivocada, que en la madurez afecte su vida. Porque su madre tenía fobia a los perros, siendo niño adquirió la creencia, que todos los perros son: agresivos y peligrosos. Heredó creencia y fobia a los perros. Es más fácil modificar o manipular una creencia, bajo hipnosis, que en estado de vigilia. Y es de gran utilidad en terapia.

Además, debemos enseñar al paciente, a ver los beneficios que obtiene reestructurando o modificando una creencia equivocada. Modificar una creencia religiosa, también es posible, pero se necesita mucho tiempo para conseguirlo.

Esa es una de las prácticas corrientes de todas las religiones y sectas, partidos políticos, empresas de mercadotecnia, que buscan captar fieles en el bando contrario. La publicidad, es un arma mucho más peligrosa que la hipnosis, para manipular una creencia.

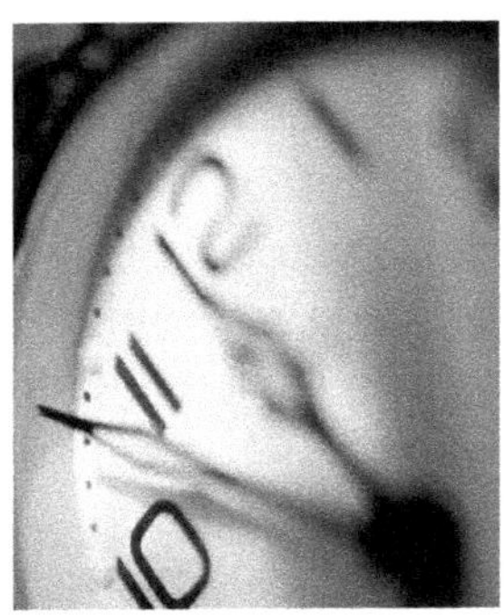

Método del Reloj

Se hace la inducción clásica de cuatro pasos, y después de profundizar el trance, se le dice a la persona, lo siguiente: −Usted duerme, duerme... duerme profundamente... En tanto usted duerme... en su mente aparece un reloj... Usted ve las agujas del reloj... Está viéndolas y, cosa curiosa, las ve girar en sentido opuesto, a gran velocidad... El reloj vuelve, retrocede en el tiempo... Usted también va a volver atrás en el tiempo... Va a ser más joven... más joven... usted se ve más joven.... Va a revivir el pasado... Ya es más joven... es más joven, cada vez más joven...

El hipnólogo conduce así la memoria de la persona hasta el momento deseado. Por ejemplo, a sus 10 años, es importante retroceder en el tiempo lentamente. Si la persona es un adolescente, podemos retroceder de 2 en 2 años o de 3 en 3, los períodos no deben ser demasiado largos. Si fuese una persona de 20 años, no sería conveniente regresarlo directamente a los 10 años. La conducción serena y parcelada hace que el subconsciente se sensibilice más fácilmente. En los casos de personas mayores de 40, podemos regresarlos de 10 en 10 años hasta un punto determinado, volverlos al momento actual y volver a regresarlo de 5 en 5 años, o de 3 en 3, 2 en 2, 1 en 1, mes en mes, día en día, hora en hora. Esta es la forma de realizar una regresión o hipnoanálisis de un conflicto, o para recabar información de un paciente.

Siempre se debe sugestionar a la persona, mientras se hace la regresión, en sentimientos de seguridad. Ejemplo: −Usted se siente seguro, tranquilo, y recordará todo aquello que interesa... saber para su bienestar−−Usted recordará aquel momento... que le provocó el miedo a la oscuridad, a los lugares cerrados−−Todo lo que recuerde no le afectará porque usted ve el incidente desde lejos− −Porque aquello sucedió hace mucho tiempo−. Esta sería una forma de disociar al paciente.

Método del libro

En este caso, la persona hipnotizada en trance profundo, recibe la siguiente sugestión: –Imagine que tiene un libro en sus manos... imagine ese libro en sus manos... cada día de su vida corresponde a una página de este libro que vamos a hojear juntos...

La primera página se refiere al día de su nacimiento. La última página escrita describe el día de hoy; el resto de las páginas están en blanco... Examinemos, precisamente, la página dedicada al día de ayer... usted se acuerda muy bien de todo lo que hizo ayer...

Mentalmente recuerde ahora todo lo que hizo ayer; tanto durante el día como por la noche... –Pausa– Y ahora, abramos el libro de su vida en la página que describe su primer día de clases en la universidad... –Así recordamos acontecimientos que tienen un marco de referencia– Podemos decirle que el libro contiene en cada página los acontecimientos felices o tristes, de cada año de su vida, –recuerde cuando busque antecedentes conflictivos, disocie al sujeto del hecho en cuestión–

Por ejemplo: –la página 15 nos refleja lo ocurrido cuando tenía 15 años, nos describe su fiesta cumpleaños, recuerde cada detalle... Quienes estaban con usted... que ropa lucía. – etc.

–Así usted puede recorrer hoja por hoja del libro de la vida. Puede hacerlo en sentido contrario, para ir todavía más lejos, hasta la página 34, época en que usted tenía treinta y cuatro años –treinta, veinte, quince, diez, etc.–

–Detengámonos en la página que describe el día en que usted hizo esto o aquello –señalar el acontecimiento cuya evocación se desea– –Se encuentra a sí mismo bien... Vuelve a ver cada momento de ese día... Rememore en detalle cada momento de ese día...

Método de la Película

Es parecido al anterior y se plantea así. Después de la profundiza- ción del trance se le sugestiona de esta forma:

–Usted duerme... duerme profundamente... Está en una sala cinematográfica, usted está sentado en una butaca, está como espectador... Usted es un espectador.... usted es un espectador... usted está solo en la sala... viendo una película...

–Esa película le resulta algo familiar... la película que está viendo es la de su propia vida... Cuenta todo lo que le ha pasado hasta ahora... En este preciso instante, aparecen en la pantalla las imágenes de lo que hizo ayer. Vuelve a ver en la pantalla todo lo que sucedió ayer.... –Ve en detalle todo lo que hizo ayer... De la misma manera que puede ver todo lo sucedido ayer, también puede ver, gracias a esta película, lo que ocurrió cualquier otro día de su vida...

–Yo tocaré su frente en el momento en que la película empezará a pasar en sentido contrario. –Y usted se verá en la oficina.... –la casa, el club, en el coche, etc.– Se ve a sí mismo y ve todo lo que hizo ese día... La película sigue pasando en sentido contrario, cada vez más rápido... –Las imágenes de días, semanas, meses y años pasan velozmente... Esta película le hace volver al pasado... Vuelve al pasado... cada vez más lejos... –Ahora se está viendo cuando se graduó de ingeniero... −El viaje a Grecia... el servicio militar, etc.− Ve la gente que le rodea, ve cómo están vestidos, oye lo que dicen... Y llegamos al día que queremos recordar. Usted duerme profundamente y vuelve a ver todo lo que sucedió ese día en que... En este punto, el hipnólogo guía la memoria de la persona hipnotizada hacia la evocación minuciosa de los hechos que se quiere reconstruir.

La disociación se realiza, en la sala cinematográfica, cuando el sujeto ve la película como espectador sentado en la butaca, no se ve como parte de la escena, no actúa.

Por lo tanto, no revive las sensaciones, sentimientos, ni emociones en ese momento. −Usted está sentado en una butaca, está como espectador... usted es un espectador... usted es un espectador−

Una vez que el sujeto, rememora el hecho conflictivo, el terapeuta le guía para encontrar los recursos necesarios, para superar el trauma. Resulta frecuente que con el solo hecho de revivir el acontecimiento, desde fuera de la escena, la persona encuentra las respuestas adecuadas y los recursos necesarios para resolver el hecho conflictivo de forma espontánea.

Sistema de señales inconscientes

Para investigar el origen de un conflicto, miedo, fobia, por ejemplo. Previamente, es necesario determinar un sistema de señales inconscientes, para que la persona pueda contestar a las preguntas del hipnólogo, por medio de movimientos involuntarios. Cuando se trata de autohipnosis se utiliza el mismo sistema de señales de los movimientos, y, además, las sensaciones internas.

La fórmula a seguir es la siguiente: Después de la inducción de descenso cuando comenzamos la profundización del trance, y se le dice al paciente: −Ahora que usted está totalmente relajado... concentre su atención en los dedos de sus manos... vamos a determinar cuál es su dedo −Sí−. Repita por favor la palabra -sí-. Sí...sí... Siga repitiendo mentalmente sí... Sí... Piense en la palabra sí.. Sí... sí... y ahora... de aquí a poco... en un momento sentirá un tirón... un movimiento... un temblor... un sacudón... en uno de sus dedos... −observando los dedos del paciente veremos cual se mueve y diremos−−Muy bien ese dedo es el dedo −Sí− recuerde que ese dedo es el dedo −Sí−. Ahora buscaremos su dedo −No− Repita por favor la palabra no. No... No... Siga repitiendo mentalmente no. No...

Piense en la palabra -no-No... no... y ahora... de aquí a poco... en un momento sentirá un tirón... un movimiento... un temblor... un sacudón... en uno de sus dedos... −observando los dedos del paciente veremos cual se mueve y diremos−−Muy bien ese dedo es el dedo −No− recuerde que ese dedo, es el dedo -No- Después de profundizar el trance reforzamos las señales diciendo: −Ahora me responderá con sus dedos las preguntas siguientes...

− ¿Usted es fulano de tal? −El dedo -Sí-se mueve−−¿Usted es asturiano o usted es dueño de un restaurante? −El dedo -No-se mueve− Así reforzamos el sistema de señales en trance. En este punto pedimos permiso al subconsciente del paciente, para buscar información respecto a su fobia. Deseo que su subconsciente me responda si está de acuerdo a retroceder en el tiempo y bus-car el origen de su fobia. −Si el dedo −Sí− del paciente se mueve, continuaremos con la exploración. Si su dedo −No− se mueve, procuraremos actuar sobre el síntoma de la fobia por otros métodos−

En caso afirmativo siempre la exploración se hará disociada. Una vez encontrado el origen o la causa, le haremos comprender que su fobia es controlable, que en el momento en que ocurrió aquella experiencia, su mente consciente, no encontró respuestas coherentes, su inconsciente actuó auto defensivamente, generando miedo, y preparándolo para la huida, un acto instintivo. Tal vez por ser un niño, por el susto que recibió, por el factor sorpresa. por el estrés acumulado... por cúmulo de inseguridades, etc.

Tratamiento de una fobia

Inducción de regresión por el método de la película con corte del vínculo emocional.

Toda regresión cuenta de cinco pasos

- ✓ *Realizar, el descenso y determinar el sistema de señales inconscientes, antes de profundizar el trance.*
- ✓ Profundizar el trance.
- ✓ *Comenzar, con la exploración en la sala cinematográfica.*
- ✓ *Provocar la ruptura del vínculo emocional.*
- ✓ *Ascender nuevamente.*

–Ahora contaré hasta tres y su mente le llevará hacia atrás en el tiempo. Y cuando empiece a dejarse llevar tranquilamente, hacia atrás en el tiempo, se verá más y más joven, y sepa que está seguro. Está protegido por su propia energía positiva, yo le ayudaré a buscar las experiencias del pasado como si fuese un espectador en una sala cinematográfica. Vamos a ver las experiencias del pasado en la sala, usted es un espectador, sólo necesita recordar que yo le guío y usted controla la situación. –Podrá ver los miedos del pasado a cierta distancia, o no tener que verlos en absoluto, y solo recordarlos–

–Si elige terminar su sesión, todo lo que necesita hacer es mover su brazo derecho hacia el techo y regresar a la conciencia plena. Si está preparado para proseguir, su dedo –Sí– me responderá. –si el dedo se mueve dirá: –Ahora contaré hasta tres y comenzará a retroceder en el tiempo... Uuuno. Dooos... Treees.... muy bien...

—Permita que su mente se deje llevar hacia atrás y piense en su miedo, en su fobia, en lo que le asusta, y sepa que aquí y ahora está seguro. Y siempre se sentirá seguro, yo le guío... Vuelva atrás en el tiempo, vuelva a la primera vez que experimentó su miedo, véalo a cierta distancia.

Usted lo está viendo en una sala cinematográfica, está sentado en una butaca como espectador.... imagine la sala y la pantalla... cinematográfica a una distancia segura. —Pausa— Ahora está comprendiendo algunas cosas... que han pasado... Cuando examina el primer episodio de su miedo, contésteme con su dedo si es el origen de la fobia: - ¿Es esa la primera vez que sintió miedo? —Pausa— —Si nueve el dedo —No— continúe—

—Siga buscando más atrás... vaya más atrás... en el tiempo, véase volviéndose más y más joven... y regrese al siguiente incidente que le hizo llegar a ser temeroso...

—Vuelva a verlo sobre la pantalla a la distancia. Usted está seguro, es un espectador que ve su pasado en una película... Con cada recuerdo comprende más... De usted mismo... —Cuando la fisiología del paciente, movimientos, de la boca, sudor, tensión, nos demuestra que ha encontrado otro acontecimiento le formulamos la pregunta nuevamente— — ¿Es ésta la primera vez que sintió miedo? —hacemos una pausa, y si el dedo —No— se nueve, continuamos: —Siga buscando más atrás... Vaya más atrás... en el tiempo, véase volviéndose más y más joven y regrese al siguiente incidente que le hizo llegar a ser temeroso, vuelva a verlo sobre la pantalla a la distancia. Usted está seguro, es un espectador que ve su pasado.

Así continuamos hasta que nos dé la respuesta afirmativa, de haber encontrado el momento en que se produjo el miedo. —¿Esta es la primera vez que sintió miedo? —hacemos una pausa, y si mueve el dedo —Sí—, actuamos de la siguiente forma—

—Muy bien ya sabemos cuál fue el origen de su miedo. A usted no le afecta... ve el incidente en la sala cinematográfica, sobre la pantalla a cierta distancia mientras comienza a sentirse más cómodo y sabe que el pasado no tiene ninguna influencia sobre usted en el presente.

–Observe cada detalle del incidente y descubra y comprenda por qué llegó a ser temeroso. Mientras comprende su pasado, deje que la imagen se acerque un poco más a usted, está a una distancia confortable.

–Y ahora comienza a liberarse y desprenderse de los viejos vínculos emocionales con el pasado, se libera del miedo. Se libera de la rabia, de la ira, se libera del dolor, mientras se libera de los viejos vínculos emocionales con el pasado... la imagen de la pantalla se acerca y se hace mayor... más vívida... Está más cerca... es muy grande la imagen, pero ya no le afecta como antes... eso es el pasado... el pasado no existe... solo existe el presente y el futuro... –La imagen está muy cerca de usted... Ya no le afecta... ya no le afecta... ya no le afecta... –Y vamos a cortar totalmente con su vínculo emocional con el pasado... imagine que una cuerda amarrada a su brazo, le une a la imagen y le ata al pasado... – Imagine que tiene una cuerda amarrada a su brazo, le une a la imagen y le ata al pasado... imagine que tiene una cuerda amarrada a su brazo, le une a la imagen y le ata al pasado. –Cuando yo cuente hasta tres... Usted cortará la cuerda... de su brazo... y usted quedará totalmente libre... los recuerdos perderán el dominio sobre usted... Atención voy a contar... atención.... Uuuno...... Dooos.... Treees. Ahora usted corta de un tirón la cuerda... Ya está cortada... y usted está libre completamente libre... –Observe que la pantalla comienza a desvanecerse –La pantalla se desvanece más y más, la pantalla se oscurece y está desapareciendo y cuando la pantalla se apaga usted empieza a sentir que se produce una curación, una curación de los miedos y de las experiencias del pasado, curación y alivio, y ahora su cuerpo, su mente, su corazón, todo su yo, están libres de su antiguo miedo. Usted es completamente libre. Ya no necesita a su miedo, su miedo ha desaparecido, desaparecido, su fobia ha perdido su fuerza y está desinflada como un globo vacío, y ahora usted es total y completamente libre y se siente aliviado... totalmente libre.

Esta es una de las tantas formas que podemos, cortar, el vínculo de un recuerdo traumático. Usted puede adaptar, esta técnica para otras terapias. Ejemplo; obesidad, obsesiones, sexualidad, etc.

Si usted es la persona que quiere, superar un miedo, o resolver una situación pasada. Hágalo cortando el vínculo emocional, como en el caso anterior. Con auto hipnosis usted mismo, hace la regresión, siguiendo los pasos anteriores. Recuerde que es muy importante, tomar el tiempo que sea necesario. No tenga prisa. Antes practique la auto inducción clásica, varias veces. Para que le resulte más fácil entrar en un –trance lúcido–

Capítulo 18

Auto Hipnosis

En capítulos anteriores comprendió como se debe hacer una inducción clásica Ya sabe que toda inducción cuenta de cuatro pasos. Relajación, descenso, programación y ascenso. Con estas bases usted puede practicar la auto inducción al trance hipnótico, y realizar el programa que esté necesitando. Además de la inducción clásica, que es la que normalmente se utiliza cuando se dispone de tiempo, hay otras técnicas para entrar en estado auto hipnótico, de forma rápida con fines específicos. Tale como regular la tensión arterial, disminuir el estrés, prepararse para un examen, hablar en público, dormir por unos minutos y despertar relajado, descansado y lúcido, etc. Todo lo que tiene que hacer es practicarlas y elaborar sus propias autoafirmaciones y sugestiones.

Técnica del Tic-Tac

Esta técnica se basa en el principio del neurofisiólogo Pavlov, que dice: que a mayor excitación mayor inhibición. Se utiliza un sonido repetitivo y alterno, como un metrónomo, o un reloj a cuerda. De pie, sentado o acostado, concentre toda su atención en el tic-tac. Deje que el sonido invada su mente, abstrayéndose de todo lo demás. Cuando consiga percibir únicamente ese sonido, concéntrese en seguir cada sonido, imaginado que un Tic va hacia la derecha y el Tac va hacia la izquierda. Imagine un péndulo balanceándose al ritmo del tic-tac. Y déjese envolver por una sensación de paz y tranquilidad

La técnica del tic tac, permite en apenas tres a cinco minutos alcanzar una tranquilidad espiritual, mental, ideal para prepararse para el estudio o actividad de concentración. Con la práctica sistemática, luego con solo cerrar los ojos y recordar mentalmente el tic-tac, se consigue el mismo efecto.

Técnica del pulso

Esta técnica la practico de hace muchos años. La descubrí por casualidad y da excelentes resultados, para programaciones rápidas. Especial para controlar la tensión arterial, estudio, trabajo, hablar en público, mejoramiento personal, etc. Si está sentado, póngase en posición, cómoda, con la espalda apoyada en el sofá. Si está acostado, afloje la ropa y separe las piernas. El mecanismo de esta técnica, es un acoplamiento, con el pulso que se percibe en la punta de los dedos.

Cierre los ojos Coloque las manos juntas, de forma que las palmas hagan contacto y los dedos también. La típica posición de los monjes, o cuando se está orando. Haga una leve presión sobre la yema de los dedos. Respire lenta y profundamente, con la técnica de respiración relajante que aprendió. Concentre su pensamiento, en las sensaciones, que percibe en la punta de los dedos. Manténgase así hasta percibir el pulso en cada uno de sus dedos.

En este momento, debe comenzar con un programa de auto afirmaciones. Ejemplo: −Me siento bien... en calma... en paz... cada día mejor... controlo todas mis tensiones−..−Mi mente estará lúcida para estudiar... concentrada... mi memoria se activa más y más con cada ejercicio... la calma... la respiración profunda... alimentan mis neuronas−.−Cuando abra los ojos... comenzaré a estudiar y recordaré todo lo que lea−.−Cuando abra los ojos comenzaré a estudiar y recordaré todo lo que lea−.−desde la página diez a la veinticinco. sin ningún tipo de esfuerzo... yo domino... y programo mi mente− Estos son algunos ejemplos de cómo dar las autoafirmaciones. Usted, primero debe saber que resultado quiere obtener. Escríbalas antes y memorícelas. Repita tres veces cada sugestión

Técnica de la llama

Esta técnica inspirada, en las prácticas ancestrales de la hoguera, y las contemplativas en monasterios. Produce breve sueño hipnótico extremadamente relajante. Lo que por otra parte servirá para limitar la duración del sueño logrado, de acuerdo con el tiempo de que se dispone. Con una música suave y en bajo volumen, busque un sito tranquilo y sin ruidos. La habitación en la oscuridad y solo iluminada por una vela. Instálese cómodamente en un sofá frente a la vela encendida. Mantenga los pies sobre el suelo, ligeramente separados. Afloje su ropa, y apoye brazos y manos sobre los brazos del sofá. La espalda y la cabeza apoyadas contra el sofá. Afloje los músculos de todo el cuerpo y concéntrese en las siguientes frases: –Voy a relajar y liberar todas las tensiones y me sentiré muy bien––Cuanto más me relaje... Mejor me sentiré. y una sensación de somnolencia... me invadirá– Repita las sugestiones tres veces cada una Fije la vista en la llama de la vela y piense únicamente en ella. Mire fijamente el punto luminoso contemplado, diciendo: –Cuanto más miro la llama, más y más pesado se hace mi cuerpo–. Después de experimentar la sensación de que el cuerpo aumenta de peso, cierre los ojos, pero siga imaginando la imagen de la llama –que permanecerá en su retina durante algunos instantes–, pero percibiendo cómo desaparece poco a poco, mientras se dice: A medida que la llama desaparece, mi cuerpo se hace más y más pesado, más y más pesado... Una vez que la imagen mental de la llama ha desaparecido, mantenga los ojos cerrados. Dígase a sí mismo: Me siento en paz... mi mente se libera de todas las tensiones... y el estrés acumulado durante el día... Me siento cansado, muy cansado... Siento deseos de dormir... placenteramente. Tengo sueño, mucho sueño... me dejo llevar... siento sueño, pesadez en todo mi cuerpo... El sueño me vence... El sueño se apodera de mí... Irresistiblemente... Duermo...

–La música invade mi mente y me duerme... yo duermo... Duermo, cada vez más profundamente... Y con cada respiración que hago... me duermo más profundamente... Y con cada respiración que hago... me duermo más profundamente... Y con cada respiración que hago... me duermo más profundamente...

–Deseo este sueño... un sueño reparador... agradable... un sueño suave... la música que oigo... me sumerge más, en el sueño... Mi sueño es muy profundo...

–Estoy bien, muy bien. Mi cabeza y todo mi cuerpo descansan... Duermo... Sólo la música me une al mundo... Duermo... duermo... Cuando la música se detenga... entonces me despertaré... Cuando la música se detenga... entonces me despertaré... Cuando la música se detenga... entonces me despertaré... Cuando despierte... me sentiré sin tensiones... relajado... sin nervios... Cuando despierte... me sentiré sin tensiones... relajado... sin nervios. Cuando despierte... me sentiré sin tensiones... relajado... sin nervios–

Con esta técnica se puede alcanzar el sueño reparador, relajante, con facilidad. La práctica diaria durante una semana es recomendable. También se puede programar antes de empezar el tiempo que se desea dormir, (quince minutos, cinco, una hora etc.) Nuestro reloj biológico nos hará despertar a la hora fijada, +/-un minuto. Con el tiempo se puede practicar la técnica en cualquier lugar incluso con gente y ruidos.

Para conseguir algo que usted desea. Ya sea material o espiritual. Lo primero es fijar el objetivo. El objetivo tiene que ser alcanzable. No se plantee, metas imposibles como perder treinta kilogramos de peso, en un mes. Sería su despedida de este mundo. Pero si puede planteárselo, para lograrlo en un año.

En todos los casos. Cargue la máxima emoción a su deseo, imagine que ya lo ha conseguido.

Disfrute del logro imaginariamente. Nunca piense como lo conseguirá, solo piense y mentalícese que lo consigue. Véase disfrutando de ese logro o de ese bien material, que desea conseguir.

Usted no se preocupe de cómo lo conseguirá, su mente inconsciente tiene todas las capacidades para encontrar la forma de hacerlo. Le enviará mensajes inconscientes, que hará que usted descubra cual es el camino.

Recuerde que imaginar, visualizar. Son poderosas armas creativas, que movilizan el subconsciente. Todo lo que visualiza e imagina con emoción, repetidamente, se cumple.

Capítulo 19

Hipnosis Aplicada

Saber utilizar la herramienta es lo primero que se le enseña a un carpintero, a un albañil. Después aprenderá poco a poco, donde utilizar tal o cual herramienta, según la ocasión, no utilizará el albañil un martillo para hacer un revoque, ni el carpintero usará una sierra para hacer un agujero en la madera. En hipnosis, después de aprender a utilizar las herramientas principales. Tiene que aprender dónde utilizarlas. Para ello siga estas recomendaciones: No hará jamás una regresión, donde no sea estrictamente necesario y con la debida autorización de la persona a hipnotizar. No debe hipnotizar a un niño con una técnica para adultos. Averigüe sutilmente el nivel educacional o intelectual de la persona, ya que, según el sujeto, utilizará una verbalización más o menos, compleja. Los intelectuales responden mejor cuando la verbalización es más compleja. Las personas con menos estudio responden mejor a las verbalizaciones más simples, con un toque místico. Suelen creer en el poder del hipnólogo. Los policías y los militares, responden mejor a técnicas verticales o paternales.

Respete siempre las creencias del paciente. No practique la hipnosis, después de comer, o si se siente muy cansado. Perderá el tiempo. Si no consiguió hipnotizar a un paciente, jamás le culpabilice, de su fallo. Seguramente usted no utilizó la técnica adecuada. El hipnólogo debe ser un gran observador, nada tiene que dejar pasar por alto, debe recabar información exhaustiva del paciente, tómese el tiempo necesario, cualquier detalle por pequeño que sea le será útil, en el momento de elaborar su estrategia sugestiva. Tómese el tiempo necesario, la hipnosis requiere paciencia y práctica. Hipnotizar, no es una tarea fácil, cuando no se tiene una experiencia o práctica probada. Por eso le recomiendo, actuar con mucha tranquilidad, sin prisa y observando cada detalle del paciente. Es muy frecuente, creer que hipnotizar rápidamente, es una demostración de sapiencia. Sin embargo; nada más equivocado y distanciado de la realidad. Si nuestra intención es utilizar la hipnosis, como herramienta con amplias posibilidades terapéuticas, tenemos que despojarnos de todo viso de espectacularidad. El paciente no va a la consulta para experimentar un espectáculo. Otro detalle importante; –en lo posible no mencionar la palabra hipnosis o hipnotismo–, muchas personas tienen, algún tipo de prejuicio con el término. En tal caso, diremos que vamos a practicar una prueba de sensibilidad o bien que le vamos a enseñar unas técnicas de relajación, para que pueda controlar su estrés y su ansiedad. Es frecuente, que muchas personas que sienten realmente miedo al hipnotismo, dicen querer ser hipnotizadas. Cuando en realidad es una huida hacia delante, que les predispone a crear resistencias prácticamente insalvables. Jamás intente hipnotizar a alguien que le insista o le desafíe a que usted le hipnotice. ¿Por qué? Porque en el 99% de los casos usted fracasará. Esto se debe, a que la persona de referencia, se ha planteado inconscientemente una competencia con usted, con lo cual su resistencia se auto potencia por el miedo. Ante una circunstancia como esa, lo correcto es manifestarle: mirándole a los ojos fijamente, y tomándole por un brazo o por la muñeca. –Nunca por la mano. Así usted se pone en situación dominante– Dígale que ese día no está en condiciones de practicar una hipnosis. Pero si lo desea, podría intentar realizar una relajación sistémica. –De esa forma usted comprobará el nivel de colaboración de esta persona, y muy sutilmente podrá llevarle a un trance profundo sin que se dé cuenta–

Errores en la práctica de la hipnosis

Son numerosos los errores que se cometen en la práctica de la hipnosis, la mayoría como consecuencia de inexperiencia o de una mala evaluación previa del paciente.

Siempre debemos tener, una entrevista previa con la persona a hipnotizar. De tal forma que podamos recabar toda la información personal relacionada con su salud física y mental.

Es indispensable encontrar referencias, sobre su condición social, cultural y religiosa. Si consideramos la hipnosis, como una técnica de generar un tipo de fantasías en la mente subconsciente de las personas, con objeto de crear un estado alterado de conciencia. Tenemos que reconocer que para que esa fantasía sea creíble, debemos utilizar los medios más reales posibles.

De tal forma que utilizaremos el mismo tipo de lenguaje que utiliza el paciente en su vida diaria. Si tratamos con un obrero, que sólo tiene cursado graduado escolar; no podremos dirigirnos a él utilizando un léxico de otro nivel cultural. De la misma forma que a un católico, no le induciremos al trance igual que a uno creyente del hinduismo, o judío.

En mis experiencias realizadas en un país, donde el idioma y las creencias eran diferentes a las mías. Comprobé cómo utilizando términos y frases, muy cercanos a sus creencias, facilitaban notablemente el rapport.

Como nadie es perfecto. Yo también cometí un fallo, cuando impartía un curso en Pamplona. Practicando una inducción colectiva, por desconocimiento del personal asistente. Cometí el error de utilizar en algún momento, las siguientes frases: −energía divina−−una luz e inmaculada inunda su cuerpo− −La energía divina genera el cambio−−una trinidad inseparable, mente, cuerpo y espíritu− Cuando terminé la inducción comprobé, que un número apreciable de personas no habían conseguido entrar en estado de trance.

En todos los cursos y seminarios, procuro conversar con las personas que han tenido problemas en entrar en trance. Para encontrar respuestas y corregir posibles errores.

En este caso, pregunté a cada persona que le había sucedido. Eran unas diecinueve personas de un total de sesenta. Con algunos matices, casi todas las personas respondieron. Que las palabras y frases que había utilizado, mientras hacía la inducción, para ellos tenían una connotación religiosa, y no les había permitido relajar bien.

Sin lugar a dudas, esas palabras y frases, estaban en contradicción con sus creencias. Este hecho no les permitió entrar en estado de trance.

En la siguiente experiencia que realizamos unas horas más tarde practiqué una inducción totalmente neutral. Y en esa oportunidad de sesenta personas sólo cinco no consiguieron entrar en trance. Obviamente no estoy hablando de un trance sonambúlico en el total de las personas, pero sí de trances de nivel 1, 2 y 3.

Trastornos psicosomáticos

Todos nosotros tenemos referencias, de conocidos, amigos o familiares, que de un día para otro enferman. Después de realizar todo tipo de exámenes médicos. La medicina tradicional, no encuentra el origen, de dicha enfermedad. Los médicos atienden diariamente, un ochenta por ciento, de casos de este tipo, que finalmente se diagnostican como dolencia psicosomática. Esto significa, que no se puede determinar el origen de los síntomas. Y tienen estrecha relación, con la psiquis del paciente. Numerosos estudios realizados, demuestran cómo, un estado depresivo, puede estar motivado, por: la jubilación, la muerte de un familiar, el sentimiento de culpa, el desempleo, la soledad, el divorcio, y muchas otras causas externas. Estas depresiones, predisponen a las personas a padecer, enfermedades de todo tipo, inclusive el cáncer Un estado depresivo, disminuye las defensas inmunológicas de todo el organismo. En una foto Kirliam, tomada del dedo, de una persona depresiva, comparada con la foto Kirliam de otra persona, que no padezca depresión. Se puede ver como el campo energético, de la persona depresiva, está roto y debilitado. Este hecho podría explicar la mayor probabilidad, que tienen las personas con depresión, de adquirir infecciones víricas, cáncer, u otras dolencias. Las dolencias psicosomáticas, como bien lo dice la palabra, tienen su origen en la psiquis, y se manifiestan, con una sintomatología, en el ámbito somático, o sea, a nivel del cuerpo. Nuestro inconsciente al manifestarse de esa forma, nos pide ayuda a gritos. La única forma de expresarse, que tiene nuestra mente inconsciente, es por medio del dolor. La prueba está, en que vamos al médico cuando sentimos dolor. Si sentimos placer o felicidad, cuando más lejos esté el médico mejor. Ese es el comportamiento de la mayoría de las personas. Aunque hay otros casos, como el de los hipocondríacos, que van al médico, cuando alguien le estornuda al lado, o si oyen en la radio que en Japón hay una epidemia de gripe.

Está claro, que, resolviendo el origen del conflicto emocional, psicológico, resolvemos la respuesta somática de dolor y sufrimiento.

Para mi modo de ver, no es lo mismo resolver los síntomas somáticos, mediante un medicamento, esperando que se resuelva el problema emocional. Equivocadamente, el médico cree algunas veces que el estado de irritación, de agresividad, de depresión, es consecuencia, del dolor que está soportando la persona. Entonces le da un calmante o un sedante. Esta es, la práctica habitual en los ambulatorios. Cuando lo correcto sería enviar al paciente, a una consulta de psicología.

La depresión reactiva o exógena, tiene un origen emocional, psicosomático. Puede ser originada, en un sentimiento de falta, miedo a la pérdida, shock traumático, humillación, estrés, etc. Como vemos, está motivada por interferencia externa. Con un tratamiento de hipnoterapia, psicológico y sin medicamentos, puede ser tratada con éxito. La depresión endógena, es aquella producida por la acción bioquímica del cerebro. Por tanto, no es adquirida, puede ser hereditaria,

o de desarrollo propio. Este tipo de depresión debe ser medicada, prácticamente de por vida. Con hipnoterapia se puede mejorar temporalmente, a quien la padece. Pero nunca definitivamente. Siempre será necesario un tratamiento médico psiquiátrico. Y el suministro de antidepresivos y sedantes.

El riesgo de no atender a tiempo, los síntomas de una depresión exógena. Radica en que, puede transformarse en una depresión endógena. Muchas dolencias, que parecen incurables. Como por arte de magia se curan, en Semana Santa, o en la iglesia evangélica, o en manos de un santón, sin medicamentos y sin secuelas para el paciente. Esto es posible gracias, a una razón tan poderosa como la fe y la creencia.

Casos prácticos de tratamientos

La mejor manera de comprender la forma de intervención terapéutica, con hipnosis, es con casos prácticos. Como vimos en capítulos anteriores, lo primero es llevar al paciente al estado de trance, para luego proceder a la exploración del conflicto. Existen diferentes métodos de exploración. Uno de ellos y primordial, es la anamnesis del paciente. Seguidamente, la terapia, donde puede ser o no necesaria una regresión de edad. Por lo general, los casos complejos necesitan de la regresión.

Y la efectividad de la misma, es variable según la personalidad del individuo. En algunos casos es posible encontrar el conflicto o el hecho, que desencadenó la dolencia, en la primera sesión y resolver el problema en la misma sesión. Pero en otros casos, es necesario realizar varias sesiones para conseguir que el paciente llegue a encontrar aquello que le afecta inconscientemente.

Como podrá ver más adelante, muchos conflictos se resuelven por sí mismos, con solo revivir la situación en estado regresivo. No haciendo falta ninguna intervención del terapeuta. En cambio, en otros, es muy importante la sugestión del terapeuta para ayudar a superar, el problema

Tartamudez

La tartamudez psicosomática, se puede curar, con hipnosis regresiva. No así la tartamudez, que tiene origen en una lesión cerebral. Las causas de la tartamudez y el tartaleo, son diversas. Puede deberse a un problema de autoestima, complejo de inferioridad, a imitación, shock traumático, mala respiración, problemas en la musculatura de la boca, lengua demasiado larga, vocabulario pobre, en personas que piensan muy rápido. Como vemos las causas pueden ser muchas. Por eso es necesario conocer el diagnóstico médico. Todos estos pacientes, por lo general han pasado por tratamientos de reeducación. Y no lo han conseguido. Esa sería una señal, para intentar un tratamiento con hipnoterapia.

Creo que un equipo conformado por logopedas que dominen la técnica hipnótica, es muy recomendable. Como dije antes, a excepción de la tartamudez por lesión cerebral, el noventa por ciento, de los casos de tartamudez y tartaleo, se curan con hipnotismo.

Las dos terapias posibles son: la de modificación de creencias y hábitos o la regresiva. La primera es más simple y la utilizamos cuando nos encontramos con pacientes que manifiestan tartaleo o tartamudez ocasional. En tal caso, le decimos al paciente, que vamos a ayudarle a encontrar la forma de construir nuevos hábitos, en su forma de hablar.

Antes de la sesión, le damos instrucciones precisas, sobre todo, en los hábitos de respiración, y de relajación muscular. Luego comenzamos la inducción clásica de cuatro pasos. Cuando el paciente está en trance, le sugestionamos, para que su respiración sea más lenta, y para que todos los músculos de la cara y boca se relajen. Conseguido esto, yo utilizo una metáfora. Que creé para este tratamiento.

La –Metáfora del arroz–

Estando el paciente en trance, le digo: Me gustaría contarle una historia... Que creo, puede ser interesante... Para que su mente descubra los recursos necesarios... De auto curación... ¿Desea que le cuente esa historia? (Pausa.) Cuando el paciente asiente, empiezo con la metáfora. Cuando yo era pequeño... pasaba muchas horas con mi abuela paterna... me gustaba estar con ella... porque me contaba historias... me daba tareas para que le ayudara... Su voz calma, su forma pausada, y tranquila de hablar... me daban mucha paz interior... Pero lo que más me gustaba era ayudarle... en la cocina, cuando hacía paella... la paella es mi plato favorito... A mí me encantaba echar el arroz en el cazo, de la medida...

Y ella me decía: con calma... tranquilo... no lo tires al suelo... La primera vez que lo hice... Comencé echando el arroz... por el agujero del paquete... Y el suelo quedó lleno de granos... Mi abuela tomándome de la mano... me dijo... Mira si echas todo de un golpe... querrán salir todos los arroces a la vez... ¿Verdad? Yo respondí si... Y ella prosiguió. Es lo mismo que cuando hablas... Tú puedes decir ¿Dos palabras a la vez? Pensativo, respondí, no. –Pues bien, con el arroz pasa lo mismo... Si echas con más calma, con más tranquilidad, podrás hacerlo... Y me mostró como debía hacer... enseguida me di cuenta... que cuando menos arroces echaba más fácil me resultaba... Sin embargo, paso algún tiempo hasta que conseguí no tirar ningún arroz al suelo... Lo curioso es que durante muchos años y aún hoy... intento decir dos palabras a la vez y no puedo... (Pausa) Y continúo diciendo: ... Sé que esta historia, tiene alguna relación con su forma de echar las palabras... Por eso deseo que escuche con atención... Y haga lo que le digo... Yo contaré de uno a tres, y al llegar a tres... Usted, con mucha calma... con tranquilidad... Imagine que tiene un paquete de arroz en su mano... Y que echa suavemente el contenido en una taza pequeña... Imagine que tiene un paquete de arroz en su mano... Y que echa suavemente el contenido en una taza pequeña... Imagine que tiene un paquete de arroz en su mano... Y que echa suavemente el contenido en una taza pequeña... Uuuno... Dooos... Treees...... Tiene tanta calma y tranquilidad... que el arroz cae dentro de la taza sin problemas... Y ahora... Deseo que se vea hablando con total normalidad... y sus palabras fluyen con suavidad... y con calma... de una en una... como echaba el arroz en la taza... (Pausa) Y ahora volveré a contar de uno a tres, usted seguirá en estado de hipnosis... pero podrá hablar... me dirá como se siente... respirando tranquilamente... sus palabras... se oirán claras de una en una... ¿De acuerdo? (Espero que asienta.) Y cuento: Uuuno... dooos... treees... hable por favor... (El paciente habla en el noventa y nueve por ciento de los casos perfectamente, porque en estado de trance se libera de todas las tensiones y censuras.)

Finalmente, después que el paciente consigue hablar, sin tartamudear, le sugestiono diciendo: Muy bien, ya ha comprobado que usted habla perfectamente... es cuestión de saber echar los arroces en la taza... y cuando hable... decir una palabra por vez... Su cerebro está completamente sano... Su mente está sana... verá como día a día su mente inconsciente aprende a controlar... más y más su nerviosismo... su respiración será más pausada cuando hable... Su mente está sana... verá como día a día su mente inconsciente aprende a controlar... más y más su nerviosismo... su respiración será más pausada cuando hable... Su mente está sana... verá como día a día su mente inconsciente aprende a controlar... más y más su nerviosismo... su respiración será más pausada cuando hable... Acto seguido le hago ascender nuevamente, diciendo: Ahora contaré de uno a cinco y usted. Abrirá los ojos, sintiéndose en calma... óptimamente... sin molestias... sabiendo que su mente inconsciente... ya está trabajando para usted. ... y por usted. ... Hablará perfectamente... sin titubeos... y cada día aprenderá a mejorar su respiración... Uuuno... dooos... treees... cuaaatro… ciiinco… abra los ojos…

Esta inducción tipo se utiliza, cuando la tartamudez o el tartaleo, no tienen origen en un conflicto psicológico. Si no, en casos de vicios o deficiencia en la articulación de las palabras, respiración inadecuada, ansiedad, nerviosismo, y cualquier otro caso en que no se vea involucrado una psicopatología profunda.

La terapia regresiva se reserva para los casos, en que la psicología del individuo ha sido afectada de alguna forma, por un hecho traumático. Dentro de los hechos traumáticos, se encuentran, los originados por la figura paterna o materna muy autoritaria, problemas de auto imagen, baja de estima personal, shock traumático (provocados por un susto o miedo excesivo, accidente, temor, fobia.) El siguiente caso fue tratado por mí en 1987, el paciente era un profesional veterinario, profesor de la universidad. Antonio M. tenía 37 años, y desde su niñez, padecía de tartamudez. Su hermana es psicóloga y coincidimos en un instituto, donde yo estaba haciendo un trabajo experimental de hipnotismo. (Instituto de Pesquisas Bioenergéticas Porto Alegre Brasil.) Ella atendía niños que necesitaban una educación especial, sordomudos, tartamudos y otros. Un día me comentó el caso de su hermano, y me preguntó si podría intentar hacer algo por él. Yo le pedí toda la información para saber qué tipo de tartamudez tenía, dicha información, me dejó en claro que no había, lesión cerebral. Y un dato importante. Que hasta los 6 años no habían detectado el problema. Yo insistí en ese hecho, y me aseguró, que así era. Por tal información, pude inferir que el hecho traumático habría sucedido en esa época. El día de la consulta, hablé unos minutos con Antonio. M., y comprendí su sufrimiento. Gracias a su personalidad, había conseguido superar la vergüenza que le producía su tartamudez, en sus inicios como profesor universitario. No le aseguré nada, le dije que intentaríamos encontrar el origen de su mal. Le pedí la máxima colaboración, para poder realizar una regresión.

Le indique que en todo momento él iba a tener la potestad, si no estaba de acuerdo con lo que sentía, de salir automáticamente del trance. Seguidamente inicié la sesión. Una vez en estado de trance, procedí a regresarlo por el método de la película, de cinco en cinco años, hasta los seis años.

Él se veía en la pantalla hablando... (Provoco la disociación del paciente y su historia, para que no le afecte) ya era tartamudo. Le hice retroceder hasta los cinco años... al día de su cumpleaños... se lo estaba pasando muy bien... No era tartamudo...

Este detalle me permitió, saber que su problema, tenía origen entre los cinco y los seis años. Así lentamente, avanzamos la película hasta llegar a una fiesta de carnaval, él estaba con sus padres. Disfrutando de aquel momento, lleno de color. Llevaba puesto un disfraz de bombero, que le había hecho su abuela. Estaba muy feliz.

Un poco más adelante, se ve en el coche donde lo dejó su padre, para que durmiera. Estaba muy cansado. En ese instante comienza a sentirse mal, su corazón se acelera... y sollozando grita: −mam mam mam maaaá... Y rompe a llorar como un niño... Yo le calmo le digo que no llore, que sólo es una película. Que recuerde, que él es el espectador... que nada le afecta porque eso ya es el pasado...

Y le pido que me describa lo que ve en la pantalla. Me cuenta que mientras dormía en el coche, un ruido muy fuerte lo despertó con un gran susto. Estaba sólo y durante unos minutos, estuvo sólo dentro del coche, llorando y temblando de miedo. Hasta que sus padres le oyeron, e inmediatamente le consolaron. Acto seguido, regresaron a casa, en el trayecto a su casa se volvió a dormir.

En ese punto, comienzo mi intervención, diciéndole: Muy bien... Te has podido ver en la pantalla... cuando eras pequeño... Ahora cuando toque tu hombro quiero que vuelvas a ver... el momento en que te despiertas... en el coche... No te afectará porque esta vez sabes lo que ocurrió... Sabes que tus padres estaban allí... y te confortaron. Además; yo estoy aquí. A tu lado para ayudarte... Quiero que vuelvas a ver aquel momento en que te despertaste en el coche... Atención, voy a tocar tu hombro... Apoyando mi mano en su hombro le digo: Observa como eras de pequeño... que simpático... qué bonito disfraz de bombero tenías. Ahora de mayor viendo esa secuencia... te das cuenta que sentiste mucho miedo... Y no supiste que hacer... Temblabas... tu madre te preguntaba que te ocurría... y tu... le decías llorando me, me, me, asuste... muu, muucho... Tus palabras salían entrecortadas por el temblor de los músculos de tu boca... No tenías otra opción... eras pequeño... no sabías como actuar... si te hubiese pasado eso de mayor, seguramente, no te habrías asustado tanto... (Pausa)

Antonio escúchame, quiero que entres en la imagen de la pantalla... (Aquí procuro asociarle al hecho) Y que abraces a ese pequeño... dándole seguridad... amor... y dile que ya nada le pasará que siempre estarás para protegerle... entra ahora en la pantalla y dale un abrazo muy fuerte...

En ese momento Antonio, cruzando sus brazos, los aprieta contra su pecho... Y le dejo así por unos instantes. Para luego proceder a regresarlo al momento presente, de la forma clásica. Cuando abre los ojos, llora de alegría y me abraza. Me da las gracias sin el menor rastro de tartamudez, diciéndome: Tantos años he sufrido por esto, no me lo puedo creer. He puesto este caso como ejemplo, porque fue muy relevante, la edad de la persona y la antigüedad de su tartamudez. Además, me sentí muy feliz

Hemiplejía psicosomática

Este caso es el de una joven de 18 años María. G., de origen muy humilde, que la trajo a mi consulta una alumna, que estaba asistiendo a un curso de hipnosis clínica. Me pidió si podía atenderla. Que comprendía que era un caso muy especial. Pero como era conocida de su pueblo, le quería ayudar. Acepté su pedido, y le dije que no se le cobraría la consulta. La sintomatología que presentaba María, era la siguiente: Parálisis del lado izquierdo de su rostro. Mitad de la boca, la lengua salía rígida hacia el lado izquierdo. No podía articular palabra. El diagnóstico médico no era claro, y tenían que llevarla a Barcelona, para realizarle otro estudio, y pasar por el quirófano, probablemente, debido a un coágulo en el cerebro. Sus padres manifestaron, que ella un día despertó por la mañana con ese cuadro, y así seguía desde hacía un año. Le estaban medicando con vasodilatadores.

Procedí primero, a poner a la joven durante quince minutos, con la cabeza inclinada hacia abajo, para que la sangre fluyera al cerebro. Con la intención de comprobar si había alguna mejoría en su cuadro. El resultado fue negativo. Está probado que en casos similares esta posición por capilaridad mejora el riego cerebral, transitoriamente. Eso me hizo pensar que su problema no era, el que se creía. Me incliné a pensar en un origen psicosomático. Primero establecí las señales inconscientes, Diciendo: −Ahora que tú está totalmente relajada... concentra tu atención en los dedos de tus manos... vamos a determinar cuál es tu dedo −Sí−. Repite por favor la palabra sí. Sí... Sí. Sigue repitiendo mentalmente Sí. Sí... Piensa en la palabra sí... Sí... sí... y ahora... de aquí a poco... en un momento sentirás un tirón... un movimiento... un temblor... un sacudón... en uno de tus dedos... (observando los dedos de la paciente veo que el dedo índice de la mano derecha se mueve.) Muy bien ese dedo es el dedo −Sí−. Recuerda que ese dedo es el dedo −Sí−... Ahora buscaremos tu dedo −No− Repite por favor la palabra no. No... No... Sigue repitiendo mentalmente no. No... Piensa en la palabra no. No... no... y ahora... de aquí a poco... en un momento sentirás un tirón... un movimiento... un temblor... un sacudón... en uno de tus dedos... (observando los dedos de la paciente veo que mueve el dedo índice de la mano izquierda) muy bien ese dedo es el dedo −No− recuerda que ese dedo es el dedo −No−

Luego de inducirla al trance, reforcé las señales inconscientes, preguntándole: ¿Tú has nacido en Italia? −A lo que responde moviendo el dedo índice de la mano izquierda... ¿Tienes dieciocho años? A lo que responde moviendo el dedo índice de la mano derecha.

Comencé la regresión por el método del libro. En estado de trance profundo, le hice que visualizara un libro. Le dije: Ese libro, es el libro de tu vida... Todos llevamos un libro igual... Así como un contable apunta los números... para controlar un negocio... Nuestra mente apunta todo en el libro de la vida... Apunta todo lo que sucede en nuestra vida... día tras día... Observa con atención, el libro... Tiene unas páginas de color rosa y otras de color blanco... ¿Ves las páginas de color? (La paciente mueve su dedo índice de la mano derecha) En las páginas de color rosa están escritos los momentos felices... y en las páginas blancas ves los momentos tristes... de tu vida... Cuando yo toque tu frente... comenzaremos a pasar las páginas del libro hacia atrás... Nada de lo que leas te afectará porque es algo que ya pasó... ¿Lo has comprendido? (La joven movió su dedo índice de la mano derecha.) Ahora cuando toque tu hombro... verás la página cuando cumpliste los 15 años...

Ahora cuando toque tu hombro... verás la página cuando cumpliste los 15 años... Ahora cuando toque tu hombro... verás la página cuando cumpliste los 15 años... Toco su hombro. (Hago una pausa 10 segundos) Y continúo: ¿Ves la página del día en que cumpliste quince años?... (La joven movió su dedo índice de la mano derecha.) (Sí.) Muy bien... ¿La página es de color blanco? (La joven movió su dedo índice de la mano izquierda (No). Muy bien... entonces la página es de color rosa... Quiero que leas lo que está escrito y revivas ese día feliz... (Hago una pausa de 60 segundos) Ahora... vamos a pasar las páginas... rápidamente, sin leer nada...Muy bien... ahora... vamos a pasar las páginas... rápidamente, sin leer nada...

Tocaré tu frente y podrás ver ante tus ojos, las páginas del libro pasando rápidamente... No las leerás... solo verás sus colores... ¿De acuerdo? −La joven movió su dedo índice de la mano derecha -Sí-

Hago una pausa de 30 segundos, toco su frente y sigo: Muy bien... quiero que te detengas en una página blanca... la página más triste de tus dieciséis años...

Recuerda que solo la leerás... a ti, no te afecta porque ya es el pasado... Allí podremos encontrar respuestas importantes... que serán de utilidad para ti...

Toco la frente de la paciente.

Y al cabo de unos segundos comienza, a gemir. Su lengua se pone muy tensa y más salida, fuera de la boca, le cuesta respirar, la coloración de la piel, cambia radicalmente a un color cianótico... comprendo que está reviviendo un momento traumático...

Entonces poniendo mi mano en su hombro le digo: Calma... calma... yo estoy aquí... solo has leído la página... no te afecta...

Ya has comprendido algunas cosas... calma... En dos a tres minutos vuelve a estar tranquila... A la sazón le doy las siguientes sugestiones.

Ahora yo tocaré tu garganta... y tú podrás hablar... perfectamente... y contarme que has leído en esa página blanca... Ahora yo tocaré tu garganta... y tú podrás hablar... perfectamente... y contarme que has leído en esa página blanca... Ahora yo tocaré tu garganta... y tú podrás hablar... perfectamente... y contarme que has leído en esa página blanca...

¿Lo has comprendido? (La joven movió su dedo Sí.) Atención... tocaré tu garganta y podrás hablar perfectamente... (Toco su garganta, con un pequeño masaje, para aflojar los músculos.)

La paciente habla en tercera persona.

–Ese día un hombre, violó a una chica... él le aprisionó el cuello... hasta asfixiarla... su lengua se le salió fuera de la boca...

El hombre le amenazó que, si gritaba o se lo contaba a alguien, la mataría.

Le pregunto si la chica conocía a ese hombre. Y responde: –Sí la chica conocía al hombre... porque es su tío... es el hermano de la madre...

No manifestaba sentimientos, realmente estaba relatando, lo que había leído.

Seguidamente, le di las siguientes sugestiones: Ahora... tocaré tu frente... y tú podrás tomar decisiones importantes para tu vida... tocaré tu frente... y tú podrás tomar decisiones importantes para tu vida... tocaré tu frente... y tú podrás tomar decisiones importantes para tu vida... ¿Lo has comprendido? (María mueve el dedo Sí.) Podrás decidir, si arrancas esa página blanca del libro... así nunca más la vuelves a leer... o la dejas en su sitio... (Aquí rompo el vínculo con el conflicto.)

¿Estás de acuerdo? (La joven movió su dedo Sí.) Toco la frente de la joven. Y espero sesenta segundos, y continúo: Muy bien... ya has hecho lo que deseabas... ahora... comprendes que todo aquello es el pasado... ya no te puede afectar...

Tu cerebro está sano... completamente sano... Si comprendes esto, no será necesario... nada más para que vuelvas a hablar libremente... ¿Lo has comprendido? (La joven movió su dedo índice Sí.) A continuación, regreso como es habitual, pasando páginas del libro hasta el presente.

Y antes de ordenarle que abra los ojos, le doy sugestiones de felicidad, bienestar, libertad, seguridad. Luego inicio la cuenta de uno a diez le hago abrir los ojos.

Al abrir los ojos, la joven, no presentaba la parálisis parcial de su rostro, y la lengua estaba en su posición normal. Le pregunté cómo se sentía, y respondió con lágrimas en los ojos −Muy bien...

Al salir de la consulta, se abrazó a sus padres llorando sin decir nada. Por referencias de mi alumna supe, tiempo después que continuaba muy bien, y que había contado a su familia el suceso. También tuvo el valor de denunciar al violador.

Tumor de tiroides diagnosticado

Este caso lo traté en el año 1989, hace referencia a una paciente de 24 años, embarazada de cinco meses, de nombre Jenny. C. Hacía ocho meses le habían diagnosticado un tumor en la glándula tiroides. Además del abultamiento, de su cuello a causa del bocio que padecía, tenía la lengua inflamada, y dolorida. Con una manifiesta dificultad para hablar.

El médico le informó que después del parto, le extraerían el tumor. En la entrevista, me cuenta, que su madre, soltera, murió en el parto. Que su padre, no quiso darle el apellido cuando nació. Y fue adoptada y criada por su abuela materna.

Vivía en una ciudad pequeña, del interior de la provincia de Córdoba en Argentina, donde todos se conocían. Cuando cumplió los 15 años, su abuela le contó quién era su padre. Pero le recomendó que no intentara acercarse a él. Ya que tenía familia y otros hijos. También manifestó, que a veces veía pasar a su padre por la esquina de su casa. Y un sentimiento de odio le invadía.

Cuando cumplió los 24 años, estaba a punto de casarse, decidió hablar con su padre y habló con él. Le dijo que se iba a casar. Su padre le deseo mucha felicidad. Pero en ningún momento le trató como a una hija, si no como a cualquier chica del vecindario, que se va a casar. Y a partir de allí, su relato se perdía, en información demasiado vaga.

Decidí hacer una regresión por el método de la película. Como usted, ya conoce el método, me remitiré a destacar los puntos claves de la terapia realizada. Le lleve en estado regresivo, a aquellos momentos, en que ella veía pasar a su padre por la esquina de su casa. Descubro que –todas las tardes– durante años, cuando volvía del colegio, se sentaba en la puerta de su casa, para ver pasar a su padre de regreso del trabajo.

Ella no sentía rencor, ni odio, todo lo contrario, sentía amor. Y alimentaba la ilusión, con que un día, su padre se acercara y abrazándole le dijera: –Yo soy tu padre, te quiero. Esta revelación en estado regresivo, me dejo en claro, que contradiciendo lo dicho en la entrevista previa. No sentía odio por su padre, si no, amor y la ilusión de ser reconocida.

También comprobé que ella se había casado embarazada y que cuando decide hablar con su padre, antes de la boda, lo había hecho con la ilusión, que él, le reconociera y asistiera a su boda. Como era de esperar su padre, no asistió a la boda. Y ella pasó una larga noche de espera y desilusión. Le pregunté mientras estaba visualizando en la pantalla aquella escena, como se sentía en ese momento. Y su respuesta fue la siguiente:

–Siento odio, rabia, <u>me quiero morir</u>...

– ¿Por qué te quieres morir? Pregunte.

–No quiero que mi hijo, sufra lo que yo he sufrido...

– ¿Tienes algún mal deseo hacia tu padre?

–Sí, Deseo que se muera... que se muera... Jamás le perdonaré...

Según lo manifestado por la familia, fue después de la boda, cuando comenzó a padecer jaquecas y molestias en la garganta, que fueron aumentando en intensidad día a día. Hasta que mes y medio después. Una mañana al cepillar los dientes, detectó en su garganta un bulto que le dificultaba tragar el agua. Le llevaron al médico, allí comenzaron los estudios que al final diagnosticaron un tumor en la glándula tiroides. Comprendí que su desilusión había sido tan grande que motivó un conflicto de sentimientos. Del amor a su padre pasó al odio, y deseo de muerte.

Su creencia religiosa católica, le hacía sentirse culpable, de desear la muerte de su padre a quién siempre quiso y amó a la distancia. Sin lugar a dudas, su deseo de muerte se volvía contra ella. El simbolismo de desear la muerte a su padre, era su propio deseo de morir, porque pensaba que su hijo sufriría como ella.

Como era muy creyente, decidí utilizar el camino místico. Y le lleve a contactar espiritualmente, con Dios. Le provoque una alucinación, donde ella se acercaba a una figura celestial indefinida... que irradiaba mucha luz... y paz... Y le dije que estaba en contacto espiritual con Dios. Le dije: Esa silueta que ves... es Dios, acércate a él... Sentirás su mano en tu cabeza... él te perdona y te ayuda, a perdonar a tu padre... Dios te ama... Dios te cura... Dios protege a tu hijo... Cuando sientas su mano en tu cabeza... estarás sanada... y perdonada...

Esperé diez segundos, y muy suavemente posé mi mano en su cabeza durante 30 segundos. Diciéndole: Estás perdonada... estás curada... Estás perdonada... estás curada... Estás perdonada... estás curada... A partir de hoy serás feliz... muy feliz... A partir de hoy serás feliz... muy feliz... A partir de hoy serás feliz... muy feliz... Tu vida ha cambiado... Dios está contigo... Tu vida ha cambiado... Dios está contigo... Tu vida ha cambiado... Dios está contigo...

Acto seguido, le regreso al momento actual. Abrió los ojos y su semblante era diferente, sonreía, aunque aún su cuello y lengua estaba hinchados.

Convine hacer otra sesión de seguimiento a los tres días. A la siguiente cita, llegó con una tarta de fresas hecha por ella, como muestra de agradecimiento. Su cuello estaba normal, su lengua deshinchada, hablaba perfectamente.

A la semana siguiente, fue a revisión con el médico que le estaba tratando. Éste, no se lo podía creer, leía y releía los estudios realizados, miraba las radiografías, sin encontrar respuesta. Jenny, le contó lo que había pasado, el médico se quedó en silencio... (¿?). Jenny, cada vez que me ve, se emociona. La última vez que le vi, fue en 1994, nunca volvió a padecer ninguna molestia.

La mento nos cura y la mente nos enferma

Seguramente usted, se hará la siguiente pregunta:

¿Puedo curar el cáncer con hipnotismo?

Tengo que decir categóricamente, que, si el tumor es de origen psicosomático y la hipnoterapia se realiza antes de los seis a ocho meses de detectado, dicho tumor.

Las posibilidades de curación total, llegan al noventa por ciento de los casos. Si la hipnosis regresiva se realiza más allá de los ocho meses de detectado el tumor. Las posibilidades disminuyen sensiblemente.

Tal vez después de ese tiempo si la causa psicológica no es resuelta. Favorecería el desarrollo de la enfermedad con más virulencia. Como ocurre con la depresión exógena, no tratada a tiempo. En todo caso, la hipnoterapia, siempre será, de gran ayuda en paciente oncológicos terminales, para mejorar su calidad de vida.

Capítulo 20

Anestesia

La anestesia por hipnotismo, es útil, en cirugías menores y mayores, odontología, post operatorios con rehabilitación fisioterapéutica, o simplemente para controlar el dolor en pacientes, donde los analgésicos, por sensibilidad psicosomática, no producen el efecto esperado. O afectan al paciente con desagradables efectos secundarios, tal es el caso de la morfina y sus derivados. No hay ninguna duda que desde las primeras experiencias de anestesia con hipnotismo, han pasado muchos años, y después de la aparición del cloroformo en 1847. Una nueva generación de anestésicos con la aparición de la lidocaína, ha mejorado la calidad de anestesia en los pacientes odontológicos. En cirugía se continúa utilizando el curare, poderoso veneno utilizado por los aborígenes de la selva amazónica en sus flechas. Las nuevas tecnologías médicas apuntan a mitigar el dolor. Y día a día surgen nuevas opciones. Sin embargo, en muchos casos no es posible aplicar anestesia en algunos pacientes, por motivos alérgicos, cardíacos, miedos, efectos secundarios, etc. En esos casos la hipnosis es una buena opción. En odontología, podemos utilizar la hipnosis, para preparar al paciente con miedo, para superar ese miedo y enfrentarse naturalmente al torno del odontólogo, o bien utilizar la anestesia hipnótica para trabajar la boca del paciente.

Como manifesté anteriormente, la imaginación tiene poder. Y el secreto de la anestesia, consiste en llevar al paciente a un trance nivel 2 o 3 profundo. Y conducirlo a potenciar su imaginación. La técnica de anestesia, es simple y compleja a la vez. Solo tenemos que tener en cuenta el nivel de profundidad y el feedback del paciente. A veces la dificultad radica en detectar la respuesta del paciente correctamente. Para ello es necesario mucha calma y tranquilidad, Solemos decir que en la vida sin prisa se llega más lejos. Yo les quiero remarcar que:

En hipnosis sin prisa se llega más profundo

Técnica del guante

Después de profundizar el trance, procedemos a jugar con la imaginación del paciente. Le decimos: Imagine que tiene un guante en su mano derecha... Imagine que tiene un guante en su mano derecha.... (En tanto damos la sugestión, tocamos la mano correspondiente, haciendo una leve presión con los dedos, recorriéndola como si estuviésemos tocando el guante, desde la muñeca hasta los dedos.) Imagine que tiene un guante en su mano derecha.... (Esperamos unos 10 segundos y preguntamos.) ¿Puede visualizar el guante en su mano? Imagínelo.... Si el paciente responde moviendo la cabeza asintiendo, continuamos, si la respuesta es negativa, profundizamos más el trance. Suponiendo que el paciente asiente, le decimos: −ya ve el guante en la mano.......imagínelo.... siéntalo.... es muuuy suaaaave por dentro .... es muuuy suaaaave por dentro.... es muuuy suaaaave por dentro.... Y muuuy duuuro por fuera.... muuuy duuuro por fuera.... muuuy duuuro por fuera.... es tan duro y grueso como un cuero.... Ahora yo tocaré su guante... y cuando lo toque se pondrá más duro e insensible.... Atención... voy a tocar su guante ahora.... (Y al tocar su mano) Decimos: Ahora su guante es duro e insensible como una madera... como una madera.... Ahora su guante es duro e insensible como una madera... como una madera.... Ahora su guante es duro e insensible como una madera... como una madera... Luego dirigiéndonos a la mano opuesta, le decimos: Su mano izquierda está muy sensible porque no tiene guante. Su mano izquierda está muy sensible porque no tiene guante... Su mano izquierda está muy sensible porque no tiene guante, Tocaré su mano sensible y sentirás dolor.... bastante dolor.... Tocamos su mano clavando la uña del pulgar y observamos la expresión del rostro del paciente. Notaremos sus gestos de molestia y dolor.... Decimos: ¿Duele verdad? (Esperamos su respuesta, al asentir continuamos.) ¿Es muy doloroso verdad? Ahora tocaré su guante de madera.... tocaré su guante de madera.... pero es tan duro por fuera... que no sentirá nada.... es insensible....

Ahora tocaré su guante de madera.... tocaré su guante de madera.... pero es tan duro por fuera... que no sentirá nada.... es insensible.... Ahora tocaré su guante de madera.... tocaré su guante de madera.... pero es tan duro por fuera... que está insensible.... es insensible.... El guante es duuuro y grueeeeso...... muuuy duuuro. y grueeeeso.... duuuro y grueeeeso...... muuuy duuuro y grueeeeso....

Seguidamente toco la mano donde está el guante imaginario. Y pincho con una aguja esterilizada la mano. Allí comprobaremos el efecto de la anestesia en su mano.

Anestesiar la boca para intervención odontológica

Luego de la mano, podemos ir extendiendo la anestesia a otras partes del cuerpo. Seguimos jugando con la imaginación, a esta altura el rapport con el paciente es total. Le decimos que el guante de su mano derecha, posee un efecto adormecedor, anestésico, y todo lo que toque con ese guante quedará insensible y sin dolor......

Atención... ahora.... contaré a tres y su mano derecha con el guante...... subirá hasta su rostro... y cuando toque su mejilla todo el lado derecho de su cara y boca quedarán insensibles como su guante... ¿Lo ha comprendido?...... ¿Lo ha comprendido? (Cuando el paciente asiente, moviendo la cabeza.) Le decimos: Atención... uuuno... su mano comienza a subir...... dooos sube máaas.... treees ya toca su mejilla....... (Sí es necesario, ayudamos suavemente a subir la mano.) Y ahora siente como su cara se adormece cada vez máaas y máaas... Y ahora siente como su cara se adormece cada vez máaas y máaas.

Ese efecto adormecedor, alcanza sus labios, sus mandíbulas... De esta forma, con sugestiones continuas, durante 5 a 10 minutos. Conseguiremos el efecto deseado.

Comprobación: pinchando con una aguja estéril, la mano y después la cara. Si el efecto anestésico se ha conseguido no habrá reacción al dolor.

Es recomendable dar una orden o anclaje post hipnótico. Por ejemplo: Cada vez que yo toque su hombro, (Tocamos el hombro) usted, sentirá un estado de adormecimiento máaas profuuundo... Cada vez que yo toque su hombro, (Tocamos el hombro) sentirá un estado de adormecimiento máaas profuuundo... Cada vez que yo toque su hombro, (Tocamos su hombro.) sentirás un estado de adormecimiento máaas profuuundo...

Es posible trasladar el comando de la anestesia a otro profesional, solo tendrá que tocar el hombro del paciente con la misma presión y en el mimo sito anterior.

La persona en estado hipnótico no sabe quién le está tocando por que la orden o anclaje es kinestésico y no auditivo. Es muy importante mantener la presión y toque con la misma intensidad, en el hombro durante 20 segundos cada vez que se lo hace.

Otra forma de condicionar el efecto adormecedor, anestésico, sería decirle: Por favor preste mucha atención...... (Pausa)

Cuando escuche esta música (Le hacemos oír, una música especialmente original y suave) Usted. se sumergirá, automáticamente, en un estado máaas profuuundo de sueeeño... y todo su cuerpo estará adormecido, anestesiado... Repetir tres veces esta sugestión de forma suave acompañando el ritmo de la música

Capítulo 21

Técnicas neurofisiológicas

Si presta atención a su postura corporal, comprobará que, como ocurre con los movimientos oculares y los gestos, presenta ciertos patrones de comportamiento, que se han desarrollado, a través del tiempo. Y según el hemisferio cerebral que domine ese comportamiento, le hará adoptar una postura determinada. Por ejemplo: haga esta prueba, cruce los brazos, de la forma habitual. Preste atención a las sensaciones que percibe, durante unos segundos, después cruce los brazos al revés, y perciba las sensaciones. Seguramente comprobó, que, al cruzar los brazos al revés, usted, no se siente tan confortable como antes. Eso se debe a que su patrón neurofisiológico, está condicionado de esa forma.

Haga otra comprobación. Cuando está de pie. Apóyese en una pierna como lo hace habitualmente. ¿En qué pierna se apoya? ¿La derecha o la izquierda?

Pruebe apoyarse en la otra pierna, y manténgase en esa posición durante dos minutos. Nuevamente las sensaciones no son tan confortables. Pues bien, es obvio que nuestra postura corporal, influye en nuestro cerebro.

¿La mente puede influir en la postura corporal?

En los periódicos o en televisión vemos a diario noticias de todo el mundo. Recuerde una fotografía o imagen, que tenga relación, con un éxodo, por guerra. Y analice la posición corporal de esas personas, su mirada, su expresión.

En todos los casos coinciden, en su expresión corporal: hombros caídos, cuerpo curvado, expresión de horror, seguramente podría adivinar el pensamiento de cada una de ellas, con solo mirar y analizar su expresión corporal.

La mente influye sobre nuestra postura corporal. Y la postura corporal influye sobre la mente

Eso es neurofisiología, es un intercambio constante de información entre las neuronas y cada rincón de nuestro cuerpo. Es un feedback, una retroalimentación, permanente.

Nuestra mente se expresa exteriormente en nuestro cuerpo. Y nuestro cuerpo se expresa interiormente en nuestra mente.

¿Qué pasaría, si cambio mis patrones corporales?

Empiezo a cruzar los brazos al revés, me apoyo en la pierna contraria, me siento en la silla del escritorio, de forma más recta, apoyo mis dos pies perfectamente sobre el suelo, respiro más profunda y pausadamente, etc.

Sin duda, notaría un cambio radical, en mi estado de ánimo, en segundos. Porque al cambiar mi postura corporal, automáticamente, he modificado toda la información, que tenía registrada en el cerebro como patrón de comportamiento. Pero no pasaría mucho tiempo, y volvería a la postura habitual. Con las mismas sensaciones anteriores.

No olvide que la mente es un músculo y debemos, mantenerlo en forma. Por eso, para que una técnica neurofisiológica sea efectiva, tenemos que practicarla con mucha frecuencia.

Técnica para superar un estado depresivo

Las personas deprimidas, reproducen un patrón de comportamiento igual, no importando su raza o condición social. Caminan casi arrastrando los pies. Mirando el suelo hacia la izquierda, (Diálogo interno: estoy deprimido, que mal me siento...) los hombros caídos, el cuerpo encorvado, los párpados inferiores, no mantienen la tensión habitual, la respiración es rápida y superficial. (No oxigenan bien el cerebro.)

Pasan en la cama más tiempo de lo normal, alimentando sus pensamientos negativos. Descuidan su aspecto personal. Y cuando se encuentran con alguien, están deseando que le pregunten ¿Cómo estás? Para desahogarse contando lo mal que se sienten. Es un círculo vicioso, que nunca se acaba.

Como usted, es una persona observadora, ya se dio cuenta que debería hacer, en un caso como el descrito. Lo indicado es modificar, esos patrones de comportamiento del paciente Para cambiar esos patrones de comportamiento del paciente. Utilizo la técnica que denomino. –Inspector de cúpulas y tejados–.

El nombre en sí mismo, es un cambio de patrones. Cuando me dirijo los pacientes, con toda seriedad y solemnidad, y les digo: Que utilizaré, la técnica del –Inspector de cúpulas y tejados–. No saben cómo reaccionar. Algunos sonríen, otros se quedan pensativos, o me miran boquiabiertos. Lo que está claro, es que les he sorprendido. Y una sorpresa, buena o mala, cambia nuestro patrón de comportamiento.

Si no, imagine ahora, cómo reaccionaría ante la noticia que le dan al llegar a casa: Le esperan con champaña y le dicen, que ha ganado el primer premio de la lotería. Tal vez, se quedaría, inmóvil, para luego gritar, saltar, llorar, rodar por el suelo, abrazarse con la vecina que no traga, insultar, inconsciente o conscientemente al gruñón de su jefe.

Seguramente haría cosas que normalmente no haría. Así funciona la sorpresa.

La sorpresa es un vehículo, que permite saltarse la zona de censura, de la mente consciente. Si desea que algún acontecimiento, no se olvide fácilmente. Sepa utilizar la sorpresa.

Técnica del inspector de cúpulas y tejados

Esta técnica es adecuada para superar estados depresivos, mejorar su estado de ánimo, sentirse con más seguridad, superar los momentos bajos de moral.

Levántese temprano, dúchese y póngase la mejor ropa, como si de algo importante se tratara. Salga a caminar. Siguiendo estas pautas:

Realice una caminata tranquila de 2 a 3 Km Camine con el cuerpo bien erguido. Respirando profunda y pausadamente. La cabeza también erguida. Y siempre elevando la mirada, hacia los tejados, y las cúpulas. No permita que la mirada vaya hacia abajo a la izquierda, ni al suelo Observando detalles, colores. Calculando la antigüedad, de cada cúpula o tejado que le llame la atención. Esta rutina la debe realizar día por medio, durante como mínimo una semana.

Recuerde siempre dar o darse autoafirmaciones positivas. La persona nota la mejoría el primer día. Y se le debe instruir para que, en lo posible adopte esos patrones de postura corporal y de respiración, de forma permanente.

Desactive pensamientos obsesivos

Las películas de Charles Chaplin, sirven de ejemplo de cómo se puede quitar trascendencia a una situación determinada. Escenas dramáticas, causan la risa y situaciones risueñas causan lástima y tristeza. Pero si algo tienen en común esas escenas es que son grotescas. Tanto las tristes como las risueñas. Para desactivar pensamientos, obsesivos o que le están haciendo daño. Tiene que utilizar la técnica de Charles Chaplin, ridiculizar las situaciones y reírse de las mismas.

Suponga que su suegra viuda, convive con usted y su mujer, que es hija única. Su suegra, todos los días interfiere en su relación con comentarios irónicos, por una cosa u otra. Usted por respeto a su pareja, soporta la situación sin ponerle en su sitio. Ese ambiente a usted, le hace daño, se reprime y aguanta. Pero poco a poco le puede llevar a un estado depresivo.

Tiene dos opciones. Decirle todo lo que tiene dentro. Desahogarse, corriendo el riesgo de crear una crisis en su matrimonio. O proceder, a desactivar el efecto emocional de las palabras de su suegra. Le recomiendo probar la segunda opción:

Antes que nada, piense que la reacción que ella manifiesta, es un pedido de auxilio. Está gritando... me siento sola... necesito ayuda... Nadie me presta atención. Lo mismo ocurre con los niños. Como usted no es psicoterapeuta y ella tampoco querría ir al psicoterapeuta. Usted, tiene que cambiar el contexto de la película. Cierre los ojos e imagine la escena de una película con un fondo musical, ágil, ritmo rápido, una marcha militar... Y dentro de la escena ponga a su suegra siguiendo el ritmo, de la música, a paso rápido, desfilando... Visualice la escena... vea a su suegra marchando al compás de una marcha militar... Y un sargento que le ordena seguir el paso... Mantenga esa imagen durante unos 15 segundos.

Luego cambie la música y ponga de fondo un rock and roll, e imagínesela bailando... toda despatarrada... melena al aire...

Observe como el mismo actor, en una escena distinta, causa un efecto diferente. Seguramente, viendo a su suegra actuando así, no le afecta como antes ¿Verdad?

Pero para que sea aún más efectivo, imagine que está bailando el rock and roll. Visualice nuevamente la escena, donde está bailando el rock and roll... Le ve bailando el rock and roll... y en un giro, que da... se le cae la falda... y se le enreda en las piernas... Rueda por el suelo... ¡Pero la música la tiene loca!... Parece una adolescente... Se quita la falda y sigue bailando... Tiene unas bragas del siglo pasado... Como en las películas de cine mudo... Observe sus movimientos... mientras baila... los movimientos son grotescos y le causan risa... Ahora imagine mientras sigue bailando. Que se acerca hasta usted... y le dice lo mismo, que suele decirle todos los días...

¿Cómo le afecta? Ya no es lo que era ¿Verdad? Esta simple técnica, que la podemos practicar con cualquier situación, es un ejemplo de cómo podemos desactivar pensamientos de cualquier tipo. En el trabajo, con personas allegadas, en la familia etc. Siempre que tenga que desactivar una situación recurrente u obsesiva, ridiculícela, ríase de ella, quítele trascendencia, por medio del cambio de escenario y del fondo musical Que pasaría cuando su jefe, le está gritando o gruñendo por algo, y usted no puede reaccionar, por razones obvias y por la rabia. ¿Se lo imagina en calzoncillos, recién levantado, con el pelo revuelto?... ¿Sería diferente no? Pero si, además, imagina que los calzoncillos son de color rosa, con corazones amarillos y sus gestos son afeminados, y tiene las piernas depiladas y camina cadenciosamente. ¿? ¿Ahora le afecta su jefe? ¿No, ¿verdad? Sea creativo, cuando tenga que ridiculizar una situación. Cuanto más grotesca sea la caracterización, más efectivo será el resultado.

Técnica del Vigilante

Esta técnica es muy útil, en casos de un estado de baja estima, miedo, inseguridad, a la hora de querer tomar una decisión, antes de enfrentarse a un problema, o a una entrevista importante.

Consiste en modificar la neurofisiología, durante unos minutos, y darse autoafirmaciones.

Por favor, recuerde una imagen, de un guardia de seguridad, un policía, Ante una puerta cerrando el paso o a un sargento del ejército ante sus subordinados. La caracterización típica. Es la siguiente:

- De pie.
- Cabeza erguida con la barbilla hacia arriba.
- Cuerpo recto y tenso.
- Brazos cruzados por detrás.
- Piernas abiertas.
- Pecho hinchado -Mirada fuerte.
- Balanceo del cuerpo levantando los talones

Póngase en esa posición y mantenga tensos sus músculos, durante al menos cinco minutos. Mientras en voz baja, si alguien puede oírle, o en voz alta si nadie le oye.

Debe darse autoafirmaciones, por ejemplo: – ¡Me siento bien!... ¡Hoy es mi día de éxito!... ¡Nada me lo impide, voy a.... enfrentar la situación -x-con lucidez, con seguridad!... etc.–

Las autoafirmaciones, usted las puede escribir primero, para tener claro cuál es el estado que desea alcanzar, o que quiere modificar de su actitud mental. Recuerde que siempre las debe repetir, tres veces cada autoafirmación. Procure que no sean frases muy largas.

Este tipo de ejercicio, es muy potente cuanto más a diario lo practique. Usted comprobará, como el cambio se produce sin darse cuenta.

Técnica del ¡Hip Urra!

A esta técnica la he llamado así, porque tiene una similitud, con el conjuro o grito de guerra, que hacen los jugadores de rugby, o futbolistas, en el centro del campo. O aquella explosión de júbilo y alegría que sienten los hinchas o jóvenes en un concierto. Esta técnica tiene las mismas indicaciones, que en el caso anterior. Y consiste en saltar de la siguiente forma:

Saltar con los pies juntos, levantándose del suelo lo más alto posible Girando lentamente a la vez que salta Los brazos levantados hacia arriba La cabeza erguida La mirada hacia el techo.

En tanto salta, debe darse las autoafirmaciones que haya previsto para ese momento. A cualquiera de estas técnicas usted, le puede encontrar la mejor aplicación.

Es sólo una cuestión de IMAGINACION. Recuerde que si ponemos a competir a la imaginación con la voluntad. Siempre gana la imaginación.

Técnica de Triunfador

Esta técnica, es muy buena para superar estados depresivos momentáneos, o reprogramar su subconsciente. Recuerde la imagen de alguna película, donde el actor estaba sentado en un sillón de ejecutivo, con las piernas sobre el escritorio, las manos cruzadas, sosteniendo su cabeza por la nuca. Esa es la forma que siempre nos han presentado en el cine, a un ejecutivo, un mafioso, un policía. En realidad, no importa de quien se trate. El simbolismo de esa posición corporal, es de triunfo o satisfacción. Y es la perfecta definición de ese estado. Le aseguro que usted, no encontrará jamás a ninguna persona en estado depresivo, en esa posición. Porque neuro-fisiológicamente, no responde a los patrones de la persona en estado depresivo.

Por tanto, esta técnica es la más adecuada si se encuentra en un estado depresivo, y quiere sentirse mejor. En pocos minutos.

Siéntese en una silla con respaldo bajo. Levante los pies y cruzándolos, apóyelos sobre la mesa o escritorio, Estire su cuerpo lo más posible. Sostenga su cabeza por la nuca con las manos cruzadas. Y lleve los codos hacia fuera. La cabeza hacia atrás. Los ojos mirando el techo.

Manténgase en esa posición durante diez minutos, e impártase autoafirmaciones. Le recomiendo antes de practicar cualquiera de estas técnicas, elaborar primero las autoafirmaciones, siempre en sentido positivo.

Reflexión final

La mente tiene una capacidad de recuperación, increíble. Todo ser humano alberga, dentro de su mente. El programa genético, con los secretos de la vida, de la auto curación, de la muerte. ¿Quién es capaz de decir, que no es posible que nuestra mente nos pueda curar?? Es frecuente, leer u oír, calificativos de ridículo, imposible, delirantes, charlatanes y tantos otros, que son utilizados graciosamente por algunos, famosos profesionales, en televisión o en los periódicos. Para desacreditar, experiencias realizadas con terapias no tradicionales, en pacientes graves o terminales, que recobran su salud. Esta es la prueba irrefutable, de una falta de apertura, a nuevos tratamientos, y a la defensa a ultranza de sus propios intereses.

Un buen profesional, siempre debe dejar la puerta abierta, a nuevas opciones y descubrimientos.

Hace cincuenta años atrás, hablar del láser, de la clonación, de una cirugía a través de Internet, hubiese sido absurdo, imposible, ridículo. Hablar de la informática en la edad media, nos hubiese costa-do, morir en la hoguera.

¿Quién puede hoy en día asegurar que, en el futuro, no se descubran nuevos mecanismos cerebrales que guarden el secreto de la auto curación? Deseo realmente que el tiempo nos dé la razón, a todos los que creemos, en el poder auto curativo de nuestra mente.

Otras obres del autor

-

Avanzada
NEURO
RECONSTRUCCIÓN
EMOCIONAL
Dr. Juan C. Naranjo Alcega Ph. D

Bibliografía

Gilbert Tordjman. -Le plaisir retouvé par l´hipnose-

H. A. Parkyn. –A mail Cours in Suggestive Therapueties and Hpnotism–. Jeffrey K. Zeig con transcripciones de Milton Erickson –Vivenciando Erickson–

J. Hadley y C. Staudacher. -Hipnosis camino para el cambio- Milton H. Erickson y Ernest L. Rossi. -El hombre de febrero-

J. H. Shultz. –Técnica da Hipnose-Isntruçoês prácticas para médicos– Milton Erickson, S. Hershman, Irving Secter. –The practical apliccation of medical and dental hypnosis–

S. Arbonés. -El Inmenso poder de la Hipnosis-

Williams Kröguer -Hipnosis clínica y experimental-

Gerard Epstein. -Visualización curativa-

O. Carl Simonton y Reid Henson –Sanar es un viaje–

P. Watzlawick, J. Beavin, D. Jackson. –Teoría de la comunicación–

Richard Bandler y John Grinder –La estructura de la magia I– –La estructura de la magia II––Use la cabeza para cambiar– –De sapos a príncipes–

Giorgio Nardone - Paul Watzlawick. –El arte del cambio–

Edmud Jacobson. –Relajamiento progresivo–

J. Schultz. –Entrenamiento autógeno–

H. Durville y J. Busquets –Curación por el magnetismo–

www.ingramcontent.com/pod-product-compliance
Lightning Source LLC
Chambersburg PA
CBHW061727270326
41928CB00011B/2138

* 9 7 8 8 4 6 0 7 5 2 5 8 5 *